Guido Hammer

Endnutzerorientiertes EDI zwischen Teams

Bibliografische Information der Deutschen Nationalbibliothek:

Bibliografische Information der Deutschen Nationalbibliothek: Die Deutsche Bibliothek verzeichnet diese Publikation in der Deutschen Nationalbibliografie; detaillierte bibliografische Daten sind im Internet über http://dnb.d-nb.de/ abrufbar.

Copyright © 1995 Diplomica Verlag GmbH
Druck und Bindung: Books on Demand GmbH, Norderstedt Germany
ISBN: 9783838640259

http://www.diplom.de/e-book/219659/endnutzerorientiertes-edi-zwischen-teams

Guido Hammer

Endnutzerorientiertes EDI zwischen Teams

Diplom.de

Guido Hammer

Endnutzerorientiertes EDI zwischen Teams

Diplomarbeit
an der Universität - Gesamthochschule Paderborn
Fachbereich Wirtschaftswissenschaften
Lehrstuhl für Prof. Dr. Joachim Fischer
Juni 1995 Abgabe

Diplom.de

Diplomica GmbH
Hermannstal 119k
22119 Hamburg

Fon: 040 / 655 99 20
Fax: 040 / 655 99 222

agentur@diplom.de
www.diplom.de

ID 4025
Hammer, Guido: Endnutzerorientiertes EDI zwischen Teams
Hamburg: Diplomica GmbH, 2001
Zugl.: Paderborn, Universität · Gesamthochschule, Diplomarbeit, 1995

Diplomica GmbH
http://www.diplom.de, Hamburg 2001
Printed in Germany

Universität - Gesamthochschule - Paderborn

Fachbereich Wirtschaftswissenschaften

Schwerpunkt Wirtschaftsinformatik & OR

004025

DIPLOM - ARBEIT

Endnutzerorientiertes EDI zwischen Teams

Band I

vorgelegt bei
Prof. Dr. Joachim Fischer

von

Guido Hammer

Lülingsberg 4

33100 Paderborn

Matr.-Nr. 3751407

Juni 1995

E/008/95

Inhaltsverzeichnis

3

4

5

Abbildungsverzeichnis:

Abkürzungsverzeichnis:

BGB	Bürgerliches Gesetzbuch
B-ISDN	Breitband ISDN
BSC	Branchen Service Center
bspw.	beispielsweise
CEPT	Commission Européenne des Administrations des Postes et des Télécommunications
CCITT	Comité Consultatif International Télégraphique et Téléphonique
Datex-J	Data Exchange für Jedermann
Datex-L	Data Exchange mit Leitungsvermittlung
Datex-M	Multi Mega Bit Data Exchange
Datex-P	Data Exchange mit Paketvermittlung
DEDIG	Deutsche EDI-Gesellschaft e.V.
DV	Datenverarbeitung
EDI	Electronic Data Interchange
EDIFACT	Electronic Data Interchange for Administration, Commerce and Transport
HGB	Handelsgesetzbuch
HIPO	Hierarchie plus Input-Prozess-Output
IPMS	Inter Personal Message Service
IPU	ISDN-Datex-P-Umsetzer
ISDN	Integrated Services Digital Network
ISO	International Standards Organization
ITU	International Telecommunication Union, vormals CCITT
Kbit/s	Kilobit pro Sekunde
KIT	Window based Kernel for Intelligent Communication Terminal
MTS	Message Transfer Service
ODA	Office Document Architecture
PAD	Packet Assembly / Dissassembly Facility
SMDS	Switched Multi-Megabit Data Services
VANS	Value Addet Network Service
X.400	ITU-Empfehlung für ein Message Handling System
X.500	ITU-Empfehlung für ein Verzeichnisdienst
ZBI	Zwischenbetriebliche Integration der Informationsverarbeitung

1.0 Einleitung

Der Austausch von Informationen im Rahmen unternehmensübergreifenden Kommunikationsbeziehungen erhält durch den elektronischen Datenaustausch eine neue Qualität. Die Übertragung von Nachrichten zwischen Computern verschiedener Unternehmen ist zwar nicht neu, jedoch ermöglicht diese Art der Kommunikation durch standardisierte Übertragungsformen und Datenformate eine automatische, hard- und softwareunabhängige Weiterverarbeitung von Nachrichten ohne Medienbrüche in den Anwendungssystemen der Empfänger.

Die branchenbezogenen Standards für den elektronischen Austausch von Daten und Dokumenten zwischen Kommunikationspartnern werden international vereinheitlicht. Grundlage ist der im Jahre 1987 von der internationalen Standardisierungskommission und der Europäischen Wirtschaftskommission der Vereinten Nationen verabschiedete Standard UN/EDIFACT.

Trotz der offensichtlichen Vorteile des elektronischen Datenaustausches und der Standardisierung von Nachrichtentypen, steht die Verbreitung von EDI in weiten Teilen der Wirtschaft noch am Anfang.

1.1 Abgrenzung des Themas

In dieser Arbeit werden die organisatorischen und betriebswirtschaftlichen Wirkungen und möglichen Entwicklungspotentiale durch den EDI-Einsatz aus dem Blickwinkel des Endnutzers betrachtet.

Ein weiterer Schwerpunkt dieser Arbeit liegt in der Darstellung der Verbreitung von EDI und die dafür verantwortlichen Ursachen.

Den dritten Schwerpunkt bildet die Vorstellung eines EDI-Konzeptes mit dem das Problem der geringen EDI-Durchdringung gelöst und die Koordination von Projektteams verbessert werden kann.

Dieses EDI-Konzept wird mit einem Softwareprototyp veranschaulicht, der in Band II dieser Arbeit beschrieben wird.

1.2 Begriffsbestimmungen

Im Folgenden werden die zentralen Begriffe der vorliegenden Arbeit zusammenfassend dargestellt.

1.2.1 Der EDI-Begriff

EDI ist die Abkürzung für die englischen Begriffe: Electronic Data Interchange. In das Deutsche übersetzt bedeutet dies elektronischer Datenaustausch.

In dieser Arbeit wird die Übersetzung wörtlich genommen und EDI als eine Form der zwischenbetrieblichen elektronischen Kommunikation bezeichnet, bei der kommerzielle und technische Daten zwischen DV-Systemen mit Hilfe öffentlich zugänglichen Datenübertragungsnetzen ausgetauscht werden.

Diese Definition beschränkt sich bewußt nicht auf den Austausch von Handelsdaten zwischen Kunde und Lieferant, sondern schließt auch den Austausch von Produktdaten sowie Text- und Bilddaten ein. Dies erweitert den Kreis der möglichen Kommunikationspartner auf Geschäftspartner aus allen Branchen.[1]

1.2.2 Der Team-Begriff

Unter einem Team wird eine Arbeitsgruppe verstanden, die mit parallelem Arbeiten und intensiven wechselseitigen Beziehungen ein Ziel gemeinsam erreichen will.

Die Mitglieder eines Teams können sich aus einem einzigen Unternehmen oder aus verschiedenen Unternehmen rekrutieren. Nach der Zielerreichung löst sich das Team wieder auf und kann sich evtl. in derselben oder in einer veränderten Zusammensetzung wieder zusammenfinden, um ein neues Ziel gemeinsam zu erreichen.

Ein solches Team könnte sich bspw. aus einem Architekt, einem Sanitärhandwerker und einem Sanitärgroßhändler zusammensetzen. Das gemeinsame Ziel dieses Teams könnte die Renovierung der Sanitäranlagen in einem Hotel sein. Nachdem die Renovierung abgeschlossen und das gemeinsame Ziel also erreicht worden ist, löst sich das Team wieder auf.

---

[1] vgl. Picot, Neuburger, Niggl, Wirtschaftliche Potentiale von EDI, in x-change, 1. Jg., 2/1994, S. 33

Sollte die Zusammenarbeit für alle Beteiligten befriedigend gewesen sein, ist es vorstellbar, daß sich diese drei Unternehmen bzw. deren Vertreter wieder zu einem Team zusammenfinden.

1.2.3 Der Begriff Endnutzer

Der Begriff des Endnutzers steht in engem Zusammenhang mit dem Team-Begriff. Als Endnutzer werden in dieser Arbeit alle die Personen bezeichnet, die Daten elektronisch versenden bzw. empfangen. Daraus folgt, daß alle Mitglieder eines Teams als Endnutzer bezeichnet werden können. Wie am Anfang dieser Arbeit bereits erwähnt wurde, werden die Potentiale und Probleme des EDI-Einsatzes auf der Ebene des Endnutzers betrachtet.

1.3 Aufbau der Arbeit

2. Kapitel: Beschreibung der unterschiedlichen Einsatzformen von EDI.

3. Kapitel: Behandlung der vielfältigen organisatorischen Wirkungen von EDI. Das Kapitel beginnt mit einem Exkurs über die traditionell hierarchische Organisationsform und der teambasierten Organisation. Anschließend werden die Wirkungen und Potentiale auf die innerbetriebliche Organisation und auf die unternehmensübergreifende Kooperation betrachtet.

4. Kapitel: Behandlung der betriebswirtschaftlichen Wirkungen von EDI. Der Schwerpunkt dieses Kapitels liegt auf der Betrachtung der Neugestaltung von Geschäftsprozessen mit Hilfe von EDI.

5. Kapitel: Aufzeigen der Gestaltungselemente des elektronischen Datenaustausches. Hier liegt der Schwerpunkt auf den Übertragungsstandards und den möglichen Kommunikationsarten von EDI.

6. Kapitel: Darstellen des Status quo von EDI und die Ursachen für die eher mäßige Durchdringung.

7. Kapitel: Vorstellung und Erläuterung des Konzeptes eines Branchen-Service-Centers.

8. Kapitel: Vorstellung des im Rahmen dieser Arbeit erstellten Prototyps einer Zugangssoftware für den Zugriff auf ein Brachen Service Center

9. Kapitel: Ausblick auf die weitere Entwicklung des elektronischen Datenaustausches.

Band II

1. Kapitel: Beschreibung der Funktionalität und der Bedienung des Prototyps.

2. Kapitel: Hinweise zur Installation und Inbetriebnahme des Prototyps von der beigefügten CD-ROM.

2.0 Einsatzformen von EDI

Der Einsatz von EDI läßt sich prinzipiell in die Kategorien des substitutiven und des innovativen Einsatzes unterteilen.[1] In diesem Kapitel werden beide Kategorien vorgestellt. Für den innovativen Einsatz werden beispielhaft zwei Einsatzfelder erläutert. Im Hinblick auf den weiteren Inhalt dieser Arbeit werden diese Ausführungen auf das Grundsätzliche beschränkt.

2.1 Substitutiver EDI-Einsatz

Beim substitutiven Einsatz[2] von EDI werden bspw. Rechnungen, Bestellungen und Anfragen nicht mehr mit Hilfe von Papier und Briefpost ausgetauscht, sondern nach der Erfassung elektronisch an den Empfänger verschickt.

Bei diesem Einsatz von EDI werden bisherige Abläufe lediglich „elektrifiziert" und durch die Beseitigung von Medienbrüchen beschleunigt. Eine weitere Integration von EDI in die bestehende DV-Infrastruktur findet nicht statt. Indem nur die Übertragungsart der Geschäftsdaten verändert wird, kommt es nur zu geringfügigen Veränderungen in der Ablauforganisation.

Vereinfachend kann gesagt werden, daß der substitutive Einsatz von EDI lediglich das Telefaxgerät ersetzt.

---

[1] vgl. Sedran T., Wettbewerbsvorteile durch EDI ?, in Information Management, 6. Jg., 4/1994, S. 19
[2] vgl. ebenda, S. 19

2.2 Innovativer EDI-Einsatz

Der innovative EDI-Einsatz kann im Vergleich zu dem substitutiven EDI-Einsatz als die nächst höhere Ausbaustufe von EDI betrachtet werden.

Wurden beim substitutiven EDI-Einsatz lediglich bestehende Abläufe beschleunigt, so werden beim innovativen Einsatz von EDI die innerbetrieblichen und besonders die zwischenbetrieblichen Wertschöpfungsprozesse mit Hilfe der neuen Möglichkeiten der unternehmensübergreifenden Kommunikation verändert.[1]

Diese Art des EDI-Einsatzes führt in den unterschiedlichen Ausbaustufen zu weitreichenden organisatorischen Veränderungen.[2]

Im folgenden werden zwei Anwendungsfelder des innovativen EDI-Einsatzes vorgestellt.

2.2.1 Zwischenbetriebliche Integration der Informationsverarbeitung (ZBI) mit Hilfe von EDI

Die zwischenbetriebliche Integration der Informationsverarbeitung ist keine Schöpfung der letzten Jahre. Bereits 1966 beschäftigte sich MERTENS[3] mit den grundsätzlichen Merkmalen der zwischenbetrieblichen Integration der Datenverarbeitung.

Mit den damaligen technischen Möglichkeiten war allerdings an eine ökonomische Realisierung in der Praxis kaum zu denken. Mit der heutigen EDI-Infrastruktur dagegen lassen sich diese Konzepte neu erschließen und erweitern.

Die Charakterisierung der ZBI läßt sich am besten anhand der von SCHU-MANN[4] gewählten Integrationsgrade vollziehen.

SCHUMANN wählte eine vierstufige Einteilung:

1) Elektronischer Datenaustausch

2) Nutzung gemeinsamer Datenbestände

3) Verlagern von Funktionen

---

[1] vgl. Sedran T., Wettbewerbsvorteile durch EDI ?, in Information Management, 6. Jg., 4/1994, S. 19
[2] Für eine Ausführliche Beschreibung der möglichen Veränderungen siehe Kapitel 3
[3] vgl. Mertens P., Die zwischenbetriebliche Kooperation und Integration der automatisierten Datenverarbeitung, 1. Aufl., Meisenheim am Glan, 1966, S. 167
[4] vgl. Schumann M., Abschätzung von Nutzeffekten zwischenbetrieblicher Informationsverarbeitung, in Wirtschaftsinformatik, 32. Jg., 4/1990, S. 311

4) Automatische Abwicklung von Funktionen

Diese Integrationsgrade stellen im weitesten Sinne die Ausbaustufen der ZBI dar. Die erste Integrationsstufe entspricht dem substitutiven EDI-Einsatz. Es werden lediglich die Geschäftsdaten elektronisch ausgetauscht.

Auf der zweiten Integrationsstufe nutzen mehrere Unternehmen gemeinsame Datenbestände. Diese können zentral in Form eines Stammdatenservers oder von einzelnen Unternehmen zur Verfügung gestellt werden.

In der dritten Integrationsstufe sind Systeme einzuordnen, die Einfluß auf die Ablauforganisation der beteiligten Unternehmen haben.

In der höchsten Integrationsstufe werden die Systeme der beteiligten Unternehmen so gekoppelt, daß Vorgänge automatisiert zwischen den Geschäftspartnern abgewickelt werden.[1]

2.2.2 Koordination von Teamarbeit durch EDI

Ein weiteres Anwendungsfeld des innovativen EDI-Einsatzes ist die Koordination von Teams.

Teambasierte Organisationsformen werden heute immer häufiger eingesetzt. Da auf die Anforderungen wie Verkürzung der Innovationszyklen von Produkten, Verbesserungen der Lieferfähigkeit, Bereitstellung von strategischen Unternehmensinformationen und der Anspruch eines „schlanken" Unternehmens mit den bisherigen Organisationsstrukturen und der klassischen Arbeitsteilung nicht mehr ausreichend flexibel reagiert werden kann.

Allerdings hat sich erst durch die neue Kommunikationsinfrastruktur der Koordinationsaufwand teambasierter Organisationstrukturen auf ökonomisch sinnvolle Größenordnungen reduziert.

Projektteams werden heute in den unterschiedlichsten Bereichen eingesetzt.

Dies beginnt bereits bei der Entwicklung von neuen Produkten. Hier sollen bspw. in der Automobilindustrie die zukünftigen Zulieferer frühzeitig in den Entwicklungsprozess mit einbezogen werden.

---

[1] vgl. Fischer J., Vorlesungsskript zur Vorlesung : Betriebswirtschaftliche Anwendungsysteme, U-GH Paderborn, WS 94/95, S. 126

Der mit der Steuerung der Entwicklungstätigkeit verbundene Informationsaustausch ist nur mit EDI möglich. In diesem Fall bietet sich an, für alle Beteiligten die benötigten Informationen in Form von Zeichnungen, Entwicklungsfortschritten etc. zentral an einer Stelle zu sammeln und für alle Beteiligten zugänglich zu machen.

Nur mit diesem sogenannten „Simultaneous Engineering" ist es möglich die Anforderungen des Marktes nach kürzeren Innovationszyklen der Produkte gerecht zu werden.

In einem ganz anderen Bereich kommt es auf eine reibungslose Zusammenarbeit der einzelnen Beteiligten besonders an.

In der Baubranche ist der Erfolg, fast wie in keiner anderen Branche, von der termingerechten Fertigstellung der Projekte bzw. Teilprojekte abhängig.

Um das gemeinsame Ziel bspw. die termingerechte Fertigstellung eines gesamten Gebäudes mit Sicherheit zu erreichen oder in Zukunft sogar kürzere Bauzeiten anbieten zu können, sind sowohl die vertikale Kommunikation zwischen Architekten, Handwerkern, Großhändlern und der Industrie, als auch die horizontale Kommunikation zwischen den einzelnen Handwerkern mit Hilfe von EDI abzuwickeln.

Zusammenfassend ist festzustellen, daß ganz besonders bei unternehmensübergreifender Teamarbeit eine wirkungsvolle und ökonomische Koordination der einzelnen Teammitglieder erst mit dem innovativen Einsatz von EDI möglich wird.

3.0 Organisatorische Wirkungen von EDI

Die Entscheidung eines Unternehmens für den innovativen Einsatz von EDI ist verbunden mit Auswirkungen auf das gesamte organisatorische Umfeld des Unternehmens. In diesem Kapitel werden Potentiale und Möglichkeiten für die innerbetriebliche und unternehmensübergreifende Organisation aufgezeigt.[1]

Der Anfang dieses Kapitels wird durch einen Exkurs eingeleitet, in dem wichtige Merkmale der traditionellen hierarchischen Organisation und der teambasierten Organisation gegenübergestellt werden.

---

[1] die kritische Würdigung dieser teilweise zwingenden Veränderungen geschieht unter 6.2.1

3.1 Exkurs

3.1.1 Die traditionelle hierarchische Organisation

Die traditionelle hierarchische Organisation hat ihre Wurzeln in der Armee des 19. Jahrhunderts. Darüber hinaus prägten Taylor[1] mit seinen Ideen der hochgradigen Arbeitsteilung und Fayol[2] mit dem Prinzip der Einheit der Auftragserteilung die Ausgestaltung der hierarchischen Organisation. Die wichtigsten Merkmale der hierarchischen Organisation lassen sich wie folgt zusammenfassen:[3]

- Führung durch Kommandos und Kontrolle
- Autorität durch die Position in der Hierarchie
- sequentielle Abfolge der Aktivitäten
- vertikale Kommunikationsstruktur

3.1.1.1 Führung durch Kommando und Kontrolle

Der Vorgesetzte übergibt seinen Mitarbeitern keine Teilaufgaben, die selbständig zu lösen sind. Vielmehr bekommt jeder Mitarbeiter eine einzelne Tätigkeit vorgegeben, die nach der Ausführung direkt kontrolliert wird.

Dies führt bei unerwartet auftretenden Schwierigkeiten, die durch die Anweisungen des Vorgesetzten nicht erfaßt waren, zu einer hohen Anzahl von Rückfragen, die wiederum über mehrere Hierarchieebenen „weitergereicht" werden müssen.

3.1.1.2 Autorität durch die Position in der Hierarchie

Die Legitimation von Handlungen und Anweisungen wird einzig und allein durch die Stellung in der Hierarchie bestimmt. Der Umfang und die Tragweite der Entscheidungen nimmt mit der Höhe der Position in der Hierarchiepyramide stark zu.

3.1.1.3 Sequentielle Abfolge der Aktivitäten

Die Aufgaben werden bis in die unterste Hierarchieebene in nahezu atomisch kleine Einzeltätigkeiten zerlegt. Jede Hierarchieebene, ausgenommen der untersten Ebene, wartet auf die Übergabe der Ergebnisse aus der untergeordneten Ebene, vergleichbar mit der Übergabe des Stabes bei einem Staffellauf.

---

[1] vgl. Taylor F. W., The principles of scientific management, 1. Aufl., New York, 1911
[2] vgl. Fayol H., Administration industrielle et générale, 1. Aufl., Paris, 1916
[3] vgl. Savage C. M., 5th Generation Management, 1. Aufl., Bedford, 1990, S. 199ff

3.1.1.4 Vertikale Kommunikationsstruktur[1]

In den hierarchischen Organisationen verlaufen die Kommunikationsbeziehungen vertikal und es ist genau festgelegt, wer wann welche Information bekommt.
Eine Kooperation wird durch diese vertikal-hierarchischen Umwege ineffektiv oder sogar unmöglich.[2]

3.1.1.5 Verminderung der Komplexität von Aufgaben

Sollten die Aufgaben für die vorhandene Organisation zu komplex werden, wird durch die Schaffung einer neuen Hierarchieebene die Dekomposition der Aufgaben angestrebt.[3]

3.1.2 Die teambasierte Organisation

Die Eigenschaften der teambasierten Organisation werden im direkten Vergleich zu den Merkmalen der hierarchischen Organisation erläutert.

3.1.2.1 Führung durch Zielidentifikation

Die teambasierte Organisation ist im wesentlichen durch die Delegation der Aufgaben an einzelne Gruppen gekennzeichnet.[4]
Die Lösung der übertragenen Aufgaben ist das Ziel des Teams, welches es gemeinsam zu erreichen gilt. Die Aktivitäten, die von Fall zu Fall für die Zielerreichung notwendig sind, müssen von den Teammitgliedern selbständig ausgewählt werden. Fest vorgegebene Abläufe, die zur Zielerreichung führen könnten, sind durch die dynamische Festlegung der Ziele und der Teamzusammensetzung nicht möglich. Kontrollstrukturen, ähnlich denen in den hierarchischen Organisationen, sind durch die Gesamtverantwortung des Teams sowohl für Einzelentscheidungen als auch für das Erreichen des gesetzten Zieles nicht notwendig.

3.1.2.2 Autorität durch Wissen[5]

Durch das eigenverantwortliche Lösen der Aufgaben durch das Team bzw. der einzelnen Teammitglieder sind die Fähigkeiten und der Wissensstand der einzelnen Mitglieder schnell erkennbar. Ein Verstecken hinter eingeschränkten Kompetenzen durch die Stellenbeschreibung ist nicht möglich.

---

[1] vgl. Petrovic O., Workgroup Computing-computergestützte Teamarbeit, 1. Aufl., Heidelberg, 1993, S. 80
[2] vgl. ebenda, S. 32
[3] vgl. ebenda, S. 30
[4] vgl. ebenda, S. 37
[5] vgl. ebenda, S. 77

Da alle Teammitglieder letztendlich an der Zielerreichung gemessen werden, werden innerhalb des Teams die Personen mit Autorität ausgestattet, die sich durch ihr Wissen hervortun. Darüber hinaus ist es allerdings notwendig, auch in einer teambasierten Organisation eine zentrale Instanz einzurichten. Die Autorität dieser Instanz reicht von der Zusammenstellung und der Koordination des Teams bis zur vollen Weisungsbefugnis gegenüber den Teammitgliedern. Die Spannweite der Macht dieser zentralen Instanz ist abhängig von dem bereits vorhandenen organisatorischen Umfeld, in dem eine teambasierte Organisation eingerichtet wird.

3.1.2.3 Simultanität der Arbeitsabläufe[1]

In der teambasierten Organisation tritt die Abhängigkeit der Teammitglieder von einzelnen Teilergebnissen in den Hintergrund.
Im Vordergrund steht die simultane Lösung von Teilaufgaben. Die gelösten Teilaufgaben setzen sich dann zu einer Gesamtlösung zusammen.
Das parallele Arbeiten ist nicht so zu verstehen, daß jeder Mitarbeiter isoliert seine Teilaufgabe löst und später seine Ergebnisse zu einem bestimmten Termin präsentiert. Teilergebnisse und gewonnene Informationen werden über eine Art Informationspool allen Teammitgliedern zur Verfügung gestellt.

3.1.2.4 Laterale Kommunikation[2]

Die netzwerkartigen Kommunikationsstrukturen in teambasierten Organisationen stellen durch ihre Vielzahl an möglichen Beziehungen ein Koordinationsproblem dar. Selbst die Auswahl des Empfängers wird zu einer Hürde, die zu überwinden ist. Zum einen existieren keine festen organisatorischen Regelungen, um die Vielzahl der möglichen Empfänger zu selektieren, zum anderen wechseln die Empfänger mit jeder neuen Zusammensetzung eines Teams.

3.1.2.5 Komplexität der Koordination

Die Beseitigung von Hierarchiestufen durch eine teambasierte Organisation wird durch einen erhöhten Koordinationsaufwand erkauft.
Der hohe Koordinationsaufwand, vergleichbar mit dem in einer Adhocracy[3], resultiert aus dem Fehlen von festgelegten Strukturen und Hierarchien. Erschwerend kommt hinzu, daß die Teamzusammensetzungen oft kurzfristig wechseln können und es dadurch nicht zu sogenannten informellen Konventionen

---

[1] vgl. Petrovic O., Workgroup Computing-computergestützte Teamarbeit, 1. Aufl., Heidelberg, 1993, S. 74
[2] vgl. ebenda, S. 80f
[3] vgl. Mintzberg H., The structuring of Organisations, 1. Aufl., Englewood Cliffs, 1979, S. 431ff

unter den Teammitgliedern kommen kann,[1] die wie eine „unsichtbare Hand" das Zusammenspiel der Teammitglieder steuert.

3.2 Wirkungen von EDI auf die innerbetriebliche Organisation

In diesem Abschnitt werden die vielfältigen Wirkungen von EDI auf die Organisation untersucht, die direkt mit der Koordination und Bildung von Teams innerhalb einer Unternehmung in Verbindung stehen.

3.2.1 EDI führt zu Dezentralisierung

Die unterschiedlichen Erscheinungsformen der Dezentralisierung werden hier unter der räumlichen bzw. der organisatorischen Dezentralisierung zusammengefaßt.

3.2.1.1 Räumliche Dezentralisierung

Räumliche Dezentralisierung kann auf unterschiedlichen Ebenen betrachtet werden. Auf der Makroebene steht räumliche Dezentralisierung für die Standortverlagerung bzw. Standortentscheidung für das gesamte Unternehmen, auf der Mesoebene für die räumliche Trennung von Unternehmensteilen an andere Standorte sowie auf der Mikroebene für die räumliche Verlagerung einzelner Arbeitsplätze.[2]

Durch die Verfügbarkeit von Informationen an jedem beliebigen Ort der Welt führt EDI zu einer bisher nicht gekannten Standortunabhängigkeit. Angestrebte Kundennähe ist nicht mehr allein von der geographischen Position abhängig. So können niedrige Arbeits- und Produktionskostenpotentiale im Ausland leichter genutzt werden.

Vorstellbar ist eine Arbeitsteilung rund um die Uhr, ohne die Belastungen eines Schichtbetriebes.

Der Bearbeiter einer Aufgabe übermittelt seinen Arbeitsstatus abends per EDI in die USA. Der dortige Bearbeiter erhält - jetzt morgens - den aktuellen Stand. Am Ende dieses Arbeitstages wird der Arbeitsstatus z.B. nach Japan verschickt. Wenn der japanische Bearbeiter seinen Arbeitstag beendet, schickt er den aktuellen Stand wieder nach Deutschland, wo gerade ein neuer Arbeitstag beginnt.

---

[1] vgl. Petrovic, O., Workgroup Computing-computergestützte Teamarbeit, 1. Aufl., Heidelberg, 1993, S. 77
[2] vgl. Kilian, Picot, Neuburger, Electronic Data Interchange, 1. Aufl. Baden-Baden, 1993, S. 78f

Die Dezentralisierung von Einzelarbeitsplätzen durch Telearbeit wie zu Beginn der 80er Jahre wird durch die heutige EDI-Infrastruktur noch einmal neu belebt werden. Anders ausgedrückt könnte heute im Gegensatz zur Vergangenheit die Arbeit zu den Arbeitnehmern gebracht werden, und nicht umgekehrt.[1]

3.2.1.2 Organisatorische Dezentralisierung

Unter organisatorischer Dezentralisierung ist die Verteilung der bisher bei einzelnen Stellen gebündelten Handlungsbefugnisse auf mehrere Stellen oder Teams zu verstehen.[2] Mit EDI ist eine schnelle Informationsübermittlung von jedem Arbeitsplatz aus möglich. Gleichzeitig kann auf bereits erfaßte Daten über jegliche Grenzen hinweg schnell und einfach zugegriffen werden. Dies hat zur Folge, daß sich die entsprechenden Stellen ausreichend Informationen bzw. Wissen aneignen können, um gestellte Aufgaben dezentral zu lösen. Diese dezentrale Verteilung von Informationen bedingt eine Dezentralisierung der notwendigen Entscheidungskompetenzen.[3] Denn es ist ökonomisch ineffizient, die von externen Geschäftspartnern erhaltenen Daten und Informationen über mehrere verantwortliche Stellen bis zu der betroffenen Stelle weiterzuleiten.

Wenn die Vorteile von EDI nicht durch interne Rückfragen oder das Einholen von benötigten Entscheidungen geschmälert werden sollen, ist die Delegation von Entscheidungskompetenz an die entsprechenden Stellen oder Teams zwingend notwendig.[4]

---

[1] vgl. Keen P., Shaping the future : business design through information technology, 1. Aufl., Boston, 1991, S. 105
[2] vgl. Kilian, Picot, Neuburger, Electronic Data Interchange, 1. Aufl. Baden-Baden, 1993, S. 79
[3] vgl. Picot, Neuburger, Niggl, Tendenzen für Entwicklung und Auswirkungen von EDI, in Management & Computer, 1. Jg., 3/1993, S. 188
[4] vgl. Picot, Neuburger, Niggl, Electronic Data Interchange und Lean Management, in Zeitschrift für Führung und Organisation, 62. Jg. 1/1993, S. 22

3.2.2 Teambasierte Organisationsformen werden durch EDI koordinierbar

Ein typisches Merkmal der teambasierten Organisationsformen ist u.a. der Wegfall der Formalisierung und Standardisierung von Aktivitäten zur Problemlösung. HANKER[1] bezeichnet teambasierte Organisationsformen[2] als die koordinationskostenintensivste Grundstruktur einer Unternehmensorganisation. Für den hohen Koordinationsaufwand sind primär zwei Punkte verantwortlich zu machen :

- der hohe Kommunikationsbedarf
- die Adressierungsproblematik der einzelnen Teammitglieder

Im Folgenden wird gezeigt, wie mit Hilfe von EDI diese Punkte entschärft werden können.

3.2.2.1 Kommunikationsbedarf

Der hohe Kommunikationsbedarf in teambasierten Organisationen resultiert aus der Notwendigkeit des intensiven Informationsaustausches, um die gestellten Aufgaben selbständig oder im Team lösen zu können.
Zwischenergebnisse und neue Informationen sind ebenso auszutauschen wie einfache Terminabsprachen. Die Kommunikation zwischen unterschiedlichen Teams verlangt, daß die Nachrichten vom Sender zum Empfänger in einer für beide Seiten verständlichen Form übertragen werden.

Die heutige EDI-Infrastruktur[3] bietet alle Möglichkeiten des bedienerfreundlichen Datenaustausches zwischen jedem beliebigen Punkt. Damit sich Sender und Empfänger auch verstehen, sind für fast alle Arten des Datenaustausches international gültige Übertragungsstandards verabschiedet worden.

---

[1] vgl. Hanker J., Die Strategische Bedeutung der Informatik für Organisationen, 1. Aufl., Stuttgart, 1990, S. 378
[2] Hanker spricht von 'Adhocracy'
[3] ausführliche Beschreibung siehe Kapitel 5

Durch die heute geringen Übertragungszeiten haben sich die Kosten für die Übertragung von Informationen auf ein Bruchteil der Kosten der Briefpost reduziert. Gleichzeitig hat sich das Time-Lag[1] zwischen dem Absender und dem Empfänger der Informationen auf eine nahezu vernachlässigbare Größe reduziert.

3.2.2.2 Adressierungsproblematik

Ist der hohe Kommunikationsbedarf primär als ein Kostenproblem anzusehen, stellt die Adressierung und Auswahl des richtigen Kommunikationspartners in teambasierten Organisationen ohne EDI ein fast unlösbares Problem dar.

Im Gegensatz zu den traditionell-hierarchischen Organisationen existieren in einer teambasierten Organisation keine festgelegten bzw. formalen Kommunikationsbeziehungen. Ebenso beschränkt sich die Auswahl des geeigneten Empfängers nicht auf die Einhaltung von organisatorischen Regelungen.

Zusätzlich erschwert wird die konkrete Adressierung der Empfänger durch die für Teams übliche wechselnde Zusammensetzung.

Für die Problematik der direkten Adressierung besteht im EDI-Umfeld bereits eine international anerkannte Empfehlung für ein Mitteilungsübermittlungssystem[2]. Diese Empfehlung ist in vielen Ländern bereits in den Status einer nationalen Norm erhoben worden. Ein Teil der Empfehlung beschreibt den Aufbau der Adressierung, vergleichbar mit den Empfängerangaben auf einem Briefumschlag.

Um die richtige und vor allem die aktuelle Adresse des gewünschten Empfängers zu erfahren, ist ein Verzeichnisdienst im Aufbau. Dieser Verzeichnisdienst ist ebenfalls eine internationale Empfehlung[3] der ITU[4]. Der Verzeichnisdienst ist mit den gelben und weißen Seiten eines Telefonbuches vergleichbar.

In diesem Dienst können zusätzlich zu den Namen und Adressen auch Kompetenzen, Teamzugehörigkeiten und jedes weitere Attribut verwaltet werden. Da die Informationen zentral verwaltet werden, sind neue Teams bzw. Teamzusammensetzungen nur an dieser Stelle zu aktualisieren.

---

[1] vgl. Keen P., Shaping the future : business design through information technology, 1. Aufl., Boston, 1991, S. 101
[2] ausführliche Beschreibung siehe 5.1.5.1.1
[3] ausführliche Beschreibung siehe 5.1.5.1.2
[4] International Telecommunication Union, vormals CCITT

In Zukunft ist es auch vorstellbar, mit Hilfe dieses Verzeichnisdienstes Teammitglieder für neue Teams zu finden, vorausgesetzt, die betreffenden Personen sind mit ihren persönlichen Daten wie Ausbildung, bisherige Projekte etc. erfaßt.

3.2.3 EDI gestützte Organisation als Einstieg zum Lean-Management

Eine wesentliche Komponente des Lean-Management ist der Einsatz eng verflochtener Teams oder Gruppen in allen Bereichen einer Unternehmung. Die Anforderungen dieser Organisationsformen an die Koordination können mit Hilfe der EDI-Infrastruktur[1] erfüllt werden.

Durch den direkten Zugang zu den entscheidungsrelevanten Daten und Informationen und die Verlagerung der Verantwortung für die Ausführung der Aufgaben auf die unterste Ebene oder auf ein gesamtes Team wird eine Instanz zur Informationssteuerung und Informationsverdichtung überflüssig.[2]

Diese Instanz ist in traditionell-hierarchischen Organisationsformen das Middle-Management, welches gegenüber den übergeordneten Stellen die Funktion der Informationsverdichtung wahrnimmt. Die Funktion gegenüber den subordinierten Stellen besteht hauptsächlich aus der Anordnung und Kontrolle von Tätigkeiten.[3]

Ohne das Middle-Management wenden sich die Teams bzw. die einzelnen Teammitglieder an die Zentrale, um Informationen, nicht aber Anweisungen, zur Unterstützung der eigenen Aufgabenerfüllung zu erhalten.[4]

EDI spielt im Lean-Management eine zentrale Rolle. Dies geht über die organisatorischen Wirkungen wie die Einsparung von Hierarchieebenen weit hinaus. Die Abbildung auf der folgenden Seite zeigt deutlich die zentrale Bedeutung von EDI für das Lean-Management.

---

[1] ausführliche Beschreibung siehe Kapitel 5
[2] vgl. Schwarzer B.; Krcmar H.; Neue Organisationsformen, in Information Management, 9. Jg., 4/1994, S. 23
[3] vgl. Petrovic, O., Workgroup Computing-computergestützte Teamarbeit, 1. Aufl., Heidelberg, 1993, S. 35
[4] vgl. Schwarzer B.; Krcmar H.; Neue Organisationsformen, in Information Management, 9. Jg., 4/1994, S. 23

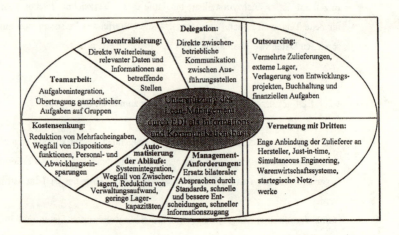

Abb. 1 : Unterstützung des Lean Management durch EDI[1]

Aus einem anderen Blickwinkel betrachtet, zeigt Abbildung 1 das gesamte Leistungspotential des substitutiven- und innovativen-EDI.

Im nächsten Abschnitt wird gezeigt, wie die Auslagerung ganzer Funktionsbereiche und die engere zwischenbetriebliche Zusammenarbeit durch EDI möglich wird.

3.3 Potentiale von EDI für die unternehmensübergreifende Kooperation

Die Organisationstheorie bietet für die neue Art der überbetrieblichen Kooperation durch EDI noch keine brauchbaren begrifflichen Instrumente.[2]
Daher wird im folgenden das Potential von EDI für die unternehmensübergreifende Kooperation mit Hilfe der zwei z.Zt. in diesem Zusammenhang am häufigsten verwendeten Termini veranschaulicht.

---

[1] Picot, Neuburger, Niggl, Electronic Data Interchange und Lean Management, in Zeitschrift für Organisation, 62. Jg., 1/1993, S. 24
[2] vgl. Kubicek H., Der überbetriebliche Informationsverbund als Herausforderung an die Organisationsforschung und -praxis, in Information Management, 6. Jg., 2/1991, S. 7

3.3.1 Möglichkeit der unternehmensübergreifenden Teambildung

Voraussetzung für die unternehmensübergreifende Teamarbeit ist die Delegation von Verantwortung und Entscheidungsbefugnis an den „Mitarbeiter in vorderster Front". Werden die Mitarbeiter in den Unternehmen mit den entsprechenden Kompetenzen und einer EDI gerechten DV-Anlage ausgestattet, werden alle Mitarbeiter zu potentiellen Teammitgliedern.

Die Adressierung und Koordination der einzelnen Mitglieder erfolgt mit Hilfe eines international gültigen Verzeichnisdienstes[1].

Durch die EDI-Infrastruktur ist ein schneller und flexibler Austausch von Daten möglich geworden. Dies versetzt jedes Unternehmen, vom Handwerksbetrieb bis zum Großkonzern, in die Lage, in kürzester Zeit aufgabenzentrierte Teams entstehen zu lassen.[2]

Der organisatorische Aufwand besteht im Grunde nur in einem Rundschreiben per E-Mail an potentielle Mitglieder. Die Zusammenarbeit innerhalb des Teams kann von der reinen Datenübertragung bis hin zur Funktionsintegration[3] reichen.

Besonders für die mittelständischen Unternehmen bietet sich erstmalig die Möglichkeit, die Vorteile der unternehmensübergreifenden Kooperation zu nutzen, da mittelständische Unternehmen in der Regel die Form der Zusammenarbeit bevorzugen, bei der sie weder ihre rechtliche, wirtschaftliche noch technische Selbständigkeit aufgeben müssen.[4]

3.3.2 Virtuelle Unternehmen als die höchste Ausbaustufe von EDI

„Heutige Formen der unternehmensübegreifenden Zusammenarbeit sind tendenziell unflexibel. Sie gehen einher mit umfangreichen vertraglichen Vereinbarungen oder mit zeitaufwendigen Operationen zum Erwerb von Eigentumsanteilen".[5]

Um die Inflexibilität und irreversiblen Kosten durch Einrichten von Pseudo- oder Quasi-Unternehmen[6] zu vermeiden wird z.Zt. ein neuer Weg der unternehmensübergreifenden Kooperation beschritten.

---

[1] ausführliche Beschreibung unter 5.1.5.1.2
[2] vgl. Fischer J., Unternehmensübergreifende DV-Integration in Industrie und Handel, in Workgroup computing : computergestützte Teamarbeit (CSWC) in der Praxis, neue Entwicklung und Trends, Hrsg.: Nastansky L., 1. Aufl., Hamburg, 1993, S. 27
[3] siehe auch unter 4.2.1
[4] vgl. Fischer J., Unternehmensübergreifende DV-Integration in Industrie und Handel, Workgroup computing : computergestützte Teamarbeit (CSWC) in der Praxis, neue Entwicklung und Trends, Hrsg.: Nastansky L., 1. Aufl., Hamburg, 1993, S. 27
[5] ebenda, S. 26

Diese neue Kooperationsform nennt sich „virtuelles Unternehmen".

MERTENS[1] definiert virtuelle Unternehmen als überbetriebliche Kooperationen zur Durchführung von Missionen, wobei auf die zeitraubende Gründung neuer Einrichtungen, etwa vertraglich abgesicherter Joint-Ventures oder Konsortien oder die Einrichtung eines Gemeinschaftsunternehmens zweier Konzerne, verzichtet wird.

Grundlegend neu ist diese Art der Kooperation nicht: Bereits in den 80er Jahren begann die Aufweichung von Unternehmensgrenzen durch die Telearbeit. Damals lag das Hauptaugenmerk auf der räumlichen Dezentralisierung.

Bei der heutigen Diskussion um virtuelle Unternehmen wird die räumliche Dezentralisierung bereits vorausgesetzt. Die entscheidenden Merkmale eines virtuellen Unternehmens sind heute der unternehmensübergeifende Charakter, die Flexibilität, die Kurzfristigkeit und die Kostenreduktion.[2]

Auch in der Vergangenheit wurden Kooperationen geschlossen, jedoch waren diese meistens nicht von Erfolg gekrönt.

Besondere Schwierigkeiten bereiteten:[3]

- die Suche nach einem Kooperationspartner
- die Organisation der Kooperation bzw. deren Ausgestaltung
- die Festlegung und Zuweisung von Kompetenzen in dem virtuellen Unternehmen
- die Organisation der notwendigen Informations- und Kommunikationsprozesse sowie die technische Umsetzung.

Vereinfachend können die Anforderungen und die Probleme der Organisation eines virtuellen Unternehmens auf die Kommunikationsebene reduziert werden.

Dies resultiert daraus, daß die Schwierigkeiten der Vergangenheit bis auf wenige Ausnahmen durch die Einrichtung von Branchen Service Centern[4] innerhalb der einzelnen Branchen zu beheben sind.

Die Branchen Service Center dienen als Informationsdrehscheibe[5], über die neue Kooperationen und bereits bestehende koordiniert werden können.

---

[6] vgl. Olbrich T., Das Modell der „Virtuellen Unternehmen" in Information Management, 9. Jg., 4/1994, S. 29
[1] vgl. Mertens P., Virtuelle Unternehmen, in Wirtschaftsinformatik, 36. Jg., 2/1994, S. 169
[2] vgl. Olbrich T., Das Modell der „Virtuellen Unternehmen" in Information Management, 9. Jg., 4/1994, S. 29
[3] vgl. ebenda, S. 31
[4] ausführliche Beschreibung des BSC-Konzeptes siehe Kapitel 7
[5] vgl. Fischer J., Vorlesungsskript zur Vorlesung : Betriebswirtschaftliche Anwendungssysteme, U-GH Paderborn, WS 94/95, S. 122

4.0 Betriebswirtschaftliche Wirkungen von EDI

Nachdem im vorherigen Kapitel ausschließlich die Wirkungen von EDI auf die Organisation betrachtet worden sind, werden in diesem Kapitel die betriebswirtschaftlichen Wirkungen von EDI untersucht. Der Schwerpunkt des Kapitels liegt auf der zwischenbetrieblichen Integration und die daraus entstehende Neugestaltung von Geschäftsprozessen.

4.1 Operative Wirkungen

Obwohl in den aktuellen Veröffentlichungen ebenso wie auf einschlägigen Kongressen und Ausstellungen das Hauptaugenmerk immer noch auf dem operativen Nutzen von EDI liegt, werden in diesem Abschnitt die operativen Wirkungen nur kurz auf verschiedenen Betrachtungsebenen[1] vorgestellt.

4.1.1 Die Organisationsebene

Die Grenzen zwischen operativen Wirkungen und komplexen Umgestaltungen der Organisation sind fließend. Aus diesem Grund ist die Trennung zwischen operativen und strategischen Wirkungen in diesem Zusammenhang nur anhand der Einsatzweise von EDI zu vollziehen.

Der substitutive Einsatz von EDI ist primär mit der Automatisierung von bestehenden Abläufen verbunden.

Dies bedeutet für die Unternehmensorganisation, daß durch die Automatisierung von Transaktionen und Geschäftsabläufen der innerbetriebliche Ablauf umstrukturiert werden kann bzw. muß. Diese Umstrukturierungen können dann zu Effizienzsteigerungen in der gesamten Organisation führen. Hierbei ist nicht auszuschließen, daß einige Abläufe wie z.B. die manuelle Rechnungsprüfung, Eingangskontrolle etc. sogar entfallen können. Wie an diesem Beispiel ersichtlich, ist der Übergang zu einer Unternehmensreorganisation fließend, auch wenn Vorgänge nur durch EDI „elektrifiziert" werden.

---

[1] vgl. Picot, Neuburger, Niggl, Wirtschaftliche Potentiale von EDI, in x-change, 1. Jg., 2/1994, S. 33

4.1.2 Die Technikebene

Die offensichtlichste Wirkung ist sicherlich die Beschleunigung des Informationsaustausches und der Datenerfassung. Indem die Daten schneller ihren Empfänger erreichen, ist bspw. eine bessere und schnellere Kontrolle von Warenbewegungen möglich. [1]

Direkte Einsparungen ergeben sich durch die Senkung der Übermittlungskosten. Durch die elektronische Versendung von Informationen ergeben sich direkte Einsparungen durch den Wegfall von Papier und Druck.[2] Hinzu kommt, daß die elektronische Übermittlung der Nachricht nur ein Bruchteil des normalen Briefportos kostet.

Ein weiteres Kostensenkungspotential liegt in dem Wegfall der medienbruchbedingten Wiedereingaben und die damit entstehenden Kosten durch Eingabefehler.[3]

4.1.3 Die Personalebene

Auf der Personalebene sind einerseits die Minimierung monotoner Erfassungstätigkeiten und Job-Enrichment durch Aufgabenintegration zu beobachten, andererseits führt die Reduzierung von Mehrfacheingaben und Kontrollen zu Arbeits- und Personaleinsparungen. In der Elektronikindustrie führte dies zu Einsparungen von 11 - 25 DM pro Geschäftsvorfall, bei BMW konnten insgesamt 30 Mitarbeiter aus der Rechnungsprüfung und dem Einkauf eingespart werden.[4]

4.1.4 Zusammenfassung

Die operativen Wirkungen beziehen sich hauptsächlich auf den Aspekt der Kostensenkung bzw. lassen sich direkt monetär bewerten. Darin liegt es auch begründet, daß in den einschlägigen Publikationen und Kongressen diese Effekte in den Vordergrund gestellt werden.

---

[1] vgl. Bracher S., Überlegungen zur Integration von neuen EDI-Partnern, in io Management Zeitschrift, 63. Jg., 6/1994, S. 84
[2] vgl. Picot, Neuburger, Niggl, Electronic Data Interchange (EDI) und Lean Management, in Zeitschrift für Führung und Organisation, 62. Jg., 1/1993, S. 24
[3] vgl. Sedran T., Wettbewerbsvorteile durch EDI ?, in Information Management, 6. Jg., 2/1991, S. 20
[4] vgl. Picot, Neuburger, Niggl, Electronic Data Interchange (EDI) und Lean Management, in Zeitschrift für Führung und Organisation, 62. Jg., 1/1993, S. 24

Dies geschieht wiederum nur, weil die meisten Unternehmen in der heutigen Zeit von neuen Technologien nur noch mit Kostensenkungen und Leistungssteigerungen überzeugt werden können.

Soll EDI allerdings innovativ genutzt werden, z.B. zur Koordination von unternehmensübergreifenden Teams, dann reduzieren sich diese monetären Einsparungen auf einen positiven Nebeneffekt.

4.2 Strategische Wirkungen von EDI

In diesem Anschnitt werden die mittel- bis langfristigen Effekte und Beeinflussungen der Wettbewerbskräfte durch den Einsatz von EDI anhand der unterschiedlichen Integrationsstufen der ZBI aufgezeigt. Anschließend wird mit Hilfe unterschiedlicher Integrationsstufen beispielhaft gezeigt wie Geschäftsprozesse verändert werden können.

4.2.1 Zwischenbetriebliche Integration der Informationsverarbeitung (ZBI)

Die Wirkungen der ZBI lassen sich am besten anhand der vier Integrationsgrade nach SCHUMANN[1] beschreiben.

4.2.1.1 Elektronischer Datenaustausch

Der elektronische Datenaustausch ist Grundvoraussetzung für die ZBI. Die einzelnen Vorteile, Potentiale und Anforderungen sind an anderen Stellen dieser Arbeit ausführlich beschrieben worden. Daher soll an dieser Stelle nicht noch einmal darauf eingegangen werden.

Der Einfluß des reinen elektronischen Datenaustausches ohne weitere Integration auf die strategische Marktposition ist eher gering. Der Aufbau einer Marktzutrittsschranke ist ebenfalls nicht zu erwarten, da elektronischer Datenaustausch mit für jeden zugänglichen Standards betrieben wird.

---

[1] vgl. Schumann M., Abschätzung von Nutzeffekten zwischenbetrieblicher Informationsverarbeitung, in Wirtschaftsinformatik, 32. Jg., 4/1990, S. 311

4.2.1.2 Nutzung gemeinsamer Datenbestände

In der zweiten Integrationsstufe nutzen die Geschäftspartner gemeinsame Datenbestände. Die Verzahnung der Abläufe der einzelnen Unternehmen macht es sicherlich sinnvoll, wenn Geschäftspartner auf relevante Unternehmensdaten zugreifen können.[1] Diese gemeinsamen Datenbestände kommen aus allen Bereichen der beteiligten Unternehmen. So kann sich der Geschäftspartner bei der frühzeitigen Bereitstellung von Plandaten früher auf neue Anforderungen einstellen.[2] Ebenso vorstellbar ist die Bereitstellung von Lagerbeständen, um einen besseren Service für den Kunden bzw. Lieferanten anbieten zu können.[3] Die wahrscheinlich wichtigsten Daten, die gemeinsam genutzt werden können, sind die Stammdaten. Nicht nur, weil sie bei jedem Unternehmen in ähnlicher Form bereits vorhanden sind, sondern weil diese Daten den Unterbau für jeglichen Datenaustausch mit dem Geschäftspartner darstellen.[4] Die Bereitstellung der Daten kann branchenspezifisch oder branchenübergreifend sein.

Gemeinsam genutzte Datenbestände führen zu einer intensiveren Geschäftsbeziehung und lassen ein differenzierteres Leistungsangebot durch qualitativ als auch quantitativ bessere Informationen zu. Marktzutrittsschranken sind nicht zu erwarten, doch wird der Markt transparenter werden, da man der vollkommenen Marktinformation ein ganzes Stück näher kommt.[5]

4.2.1.3 Verlagern von Funktionen

In der dritten Stufe sind Systeme einzuordnen, die Einfluß auf die Ablauforganisation der Anwender haben.[6] Konkret werden einzelne Funktionen der betrieblichen Abläufe auf den Geschäftspartner verlagert. Diese Funktionen können bspw. die Lagerbestandskontrolle oder die Qualitätskontrolle sein.

---

[1] vgl. Petri C., Externe Integration der Datenverarbeitung, 1. Aufl., Heidelberg, 1989, S. 261
[2] vgl. ebenda, S. 261
[3] vgl. Schumann M., Abschätzung von Nutzeffekten zwischenbetrieblicher Informationsverarbeitung, in Wirtschaftsinformatik, 32. Jg., 4/1990, S. 311
[4] vgl. Werning K., Elektronischer Stammdatenaustausch fördert den Weg zum integrierten EDI, Vortrag am online'95 Kongress in Hamburg, am 6.02.1995, Kongressband IV, S. C412.05
[5] vgl. Schumann M., Abschätzung von Nutzeffekten zwischenbetrieblicher Informationsverarbeitung, in Wirtschaftsinformatik, 32. Jg., 4/1990, S. 311
[6] vgl. ebenda, S. 310

Die Wettbewerbswirkungen sind Kostensenkungen bei den Partnern und Differenzierung zu den Mitbewerbern durch die Möglichkeit eines neuen Leistungsangebotes.[1] Für diese Art Kooperation sind sehr spezifische Informationen über den Aufbau der Anwendungen notwendig. Dies bedeutet, daß ein einfaches Kopieren der Anwendungen nicht möglich ist. Dieses Know-how führt zu Marktzutrittsschranken in Form von hohen Umstellungskosten.[2]

4.2.1.4 Automatische Abwicklung von Funktionen

In der höchsten Ausbaustufe der ZBI werden zwischenbetriebliche Arbeitsprozesse automatisiert. Beispielsweise löst ein Bestellsystem einen Auftrag aus, bei dem mit der Lieferung gleichzeitig die Rechnung übertragen wird. Nach dem erfolgreichen Verbuchen in der Lagerhaltung wird dann eine Zahlungsanweisung veranlaßt, usw. .

Diese Art der Funktionsintegration impliziert eine sehr starke Bindung der Geschäftspartner untereinander. Für den Lieferanten bedeutet diese Kooperation eine langfristige Ertragssicherheit.

Die hohen Umstellungskosten für die Systembenutzer stellen für Mitbewerber eine nahezu unüberwindbare Marktzutrittsschranke dar.

4.2.2 Neugestaltung von Geschäftsprozessen

In diesem Abschnitt wird am Beispiel VEBA-Wohnen gezeigt, wie EDI den Ablauf von Geschäftsprozessen bereits verändert hat. Anhand der Sanitärbranche wird gezeigt, wie einzelne Geschäftsprozesse in der Zukunft verändert werden können. Den Abschluß bildet ein Ausblick auf die Entwicklung im Bereich der virtuellen Unternehmen.

---

[1] vgl. Schumann M., Abschätzung von Nutzeffekten zwischenbetrieblicher Informationsverarbeitung, in Wirtschaftsinformatik, 32. Jg., 4/1990, S. 311
[2] vgl. ebenda, S. 310

4.2.2.1 VEBA-Wohnen

Die VEBA-Wohnen, das Wohnungsunternehmen im VEBA-Konzern, benutzt seit 1988 die von ihr ins Leben gerufene Handwerkerkopplung.[1]

Bei der Handwerkerkopplung werden nicht planbare Reparaturen papierlos durch elektronischen Datenaustausch koordiniert. Reparaturaufträge werden im Stundentakt über Datex-J[2] den 420[3] bundesweit angeschlossenen Handwerkern in den elektronischen Briefkasten zugestellt. Die Annahme der Aufträge wird der VEBA Wohnen auf dem selben Weg elektronisch übersendet.

Die nach 24 Stunden nicht angenommenen Aufträge werden dann anderweitig ausgeschrieben.[4]

Nach der Ausführung der Arbeiten werden alle notwendigen Daten an die VEBA Wohnen per Datex-J übertragen. Die Kontrolle der ausgeführten Arbeiten geschieht durch Stichproben.

Die einzelnen Leistungen und Preise sind mit Zustimmung aller Beteiligten zentral festgelegt worden. Die Änderung dieser Stammdaten wird ebenfalls den Handwerkern automatisch zugestellt.[5]

Die durch EDI bekannten Kosten und Zeitvorteile kommen allen Beteiligten zugute. Für die VEBA Wohnen wird durch die Handwerkerkopplung die Partnerbindung verbessert.[6] Darüber hinaus bilden die Informationen über die einzelnen Instandhaltungsmaßnahmen eine vielfältige Quelle für ein Managementinformationssystem.

Auf der Seite der Handwerker ist das Auftragsbestands-Informationssystem besonders zu erwähnen. Der Handwerksbetrieb kann sich täglich neu aus dem Pool der angebotenen Reparaturaufträgen gemäß seinen Kapazitäten bedienen.

Eine eindeutige Zuordnung der Handwerkerkopplung zu einem der Integrationsgrade nach SCHUMANN ist schwer möglich.

---

[1] vgl. Strohmeyer R., Die strategische Bedeutung des elektronischen Datenaustausches, dargestellt am Beispiel von VEBA Wohnen, in Zeitschrift für betriebswirtschaftliche Forschung, 44. Jg., 5/1992, S. 465
[2] nähere Erläuterungen zu Datex-J siehe 5.1.2.1
[3] Stand Mitte 1992
[4] vgl. Strohmeyer R., Die strategische Bedeutung des elektronischen Datenaustausches, dargestellt am Beispiel von VEBA Wohnen, in Zeitschrift für betriebswirtschaftliche Forschung, 44. Jg., 5/1992, S. 466
[5] vgl. ebenda, S. 466
[6] vgl. ebenda, S. 468

Die erste Integrationsstufe wird im gesamten Umfang erfüllt. Die gemeinsame Datennutzung, ein zentraler Bestandteil der 2. Integrationsstufe, beschränkt sich hingegen auf die Beschreibung der einzelnen Leistungen und die dafür zu verrechnenden Preise. Eine Bereitstellung von Daten zur gemeinsamen Weiterbenutzung findet also nicht statt. Eine direkte Funktionsübertragung an die Handwerker ist nur ansatzweise durch die neue Art der Auftragsausschreibung gegeben. Die ZBI beschränkt sich also auf den elektronischen Datenaustausch.

Die Neugestaltung des Geschäftsprozesses der Instandhaltung der Wohneinheiten stellt sich wie folgt dar:

Die Ausschreibung und Akquirierung von Handwerkern hat sich für die VEBA Wohnen grundlegend geändert. So wurden vor der Einführung der Handwerkerkopplung Ausschreibungen in den regionalen Zeitungen geschaltet bzw. direkte Anfragen an die ortsansässigen Handwerker verschickt. Heute werden stündlich die Reparaturaufträge mittels Datex-J den Handwerksbetrieben zugestellt.[1]

Umfaßte früher der gesamte Geschäftsvorgang 35 manuelle Arbeitsschritte von der Reparaturannahme über die Leistungsprüfung bis zur Rechnungsprüfung, so wird dies heute mit Hilfe von EDI in 6 Arbeitsschritten erledigt.[2]

Für den Handwerker ändert sich der Geschäftsprozess dahingehend, daß er mit seinem Auftraggeber nur noch elektronisch kommuniziert und von Routineaufgaben wie das Rechnungsschreiben entlastet wird.

---

[1] vgl. Strohmeyer R., Die strategische Bedeutung des elektronischen Datenaustausches, dargestellt am Beispiel von VEBA Wohnen, in Zeitschrift für betriebswirtschaftliche Forschung, 44. Jg., 5/1992, S. 466
[2] vgl. ebenda, S. 466

4.2.2.2 Sanitärbranche

Die Sanitärbranche betreibt derzeit im Bereich der Bestellung eine EDIFACT[1] Datenkommunikation zwischen Industrie (40 Teilnehmer) und Großhandel (29 Teilnehmer).[2]
Seit wenigen Wochen ist die Testphase des „Stammdatenserver Sanitär" zu Ende gegan-
gen. Dieser Stammdatenserver, der von dem Institut für Technologietransfer in der
Elektronischen Kommunikation (ITEK) betrieben wird, stellt den Unternehmen in der
Sanitärbranche Produkt- und Partnerstammdaten zur Verfügung. Der Großhandel bekommt zusätzlich Preisstammdaten der Produkte zur Verfügung gestellt. Zur Zeit erfolgt
der Austausch der Stammdaten noch über einen elektronischen Datenträger (CD-ROM)
zweimal pro Jahr. In naher Zukunft wird es möglich sein, die Stammdatenänderungen
auch über elektronische Datenkommunikation auszutauschen.[3]

Die direkte Zuordnung der EDI-Aktivitäten der Sanitärbranche zu einem Integrations-
grad nach SCHUMANN gestaltet sich ähnlich schwierig wie bei der Handwerkerkopplung
der VEBA Wohnen.
Der elektronische Datenaustausch beschränkt sich im wesentlichen auf den Austausch
von Bestellungen. Das Hauptkriterium der Integrationsstufe zwei, die Nutzung von gemeinsamen Datenbeständen, wird erfüllt. Auch wenn der Datenaustausch noch mit Hilfe
eines Datenträgers stattfindet.

Neben der Umgestaltung des Bestellvorganges sind keine weiteren direkten Veränderungen von Geschäftsprozessen erkennbar. Das Potential dieser Ausbaustufe des ZBI liegt in
der erhöhten Qualität der Informationen. So ist der Sanitär-Fachgroßhandel jetzt in der
Lage, einen erheblich besseren Preisinformationsservice anzubieten. Dies resultiert daraus, daß nun die gesamten Stammdaten des Sortimentes kostengünstig auf dem aktuellen
Stand gehalten werden können.[4]

Ein großer Schritt in die Zukunft kann durch die Einrichtung von Branchen Service
Centern (BSC)[5] getan werden.

---

[1] für nähere Erläuterungen zu EDIFACT siehe 5.1.5.2.2
[2] vgl. Werning K., Elektronischer Stammdatenaustausch fördert den Weg zum integrierten EDI, Vortrag auf dem
online'95 Kongress in Hamburg, am 6.02.1995, Kongressband S. C412.06
[3] vgl. ebenda, S. C412.07
[4] vgl. o.V., Neu: Artikelstammdaten aller Industrieprodukte, in Neue Medien aktuell, 2. Jg., 1/1995, S. 2
[5] ausführliche Beschreibung des BSC-Konzeptes siehe Kapitel 7

Wie der Name schon sagt, stellt das BSC eine Art „Informationsdrehscheibe"[1] einer gesamten Branche dar. Dies bedeutet, daß jede Kommunikation zwischen einzelnen Geschäftspartnern durch das BSC vermittelt wird.

Die Funktionalität des BSC soll an dieser Stelle nur kurz aufgelistet werden:

1) Bereitstellung von international erreichbaren elektronischen Briefkästen

2) Zugangsmöglichkeiten aus allen Datenübertragungsnetzen

3) Branchenspezifische Informationsforen

4) Clearing Center für unterschiedliche Datenübertragungsnormen

5) Bereitstellung von Stammdaten

Neben dem gesamten Geschäftsdatenaustausch lassen sich mit Hilfe des BSC nun auch Geschäftsprozesse neu gestalten.

Ein Beispiel dafür ist die Abwicklung eines Projektes von der Ausschreibung bis zur Fertigstellung. Der Bauherr oder der Architekt legt die Ausschreibung für ein Projekt in ein dafür vorgesehenes Informationsforum ab. Jeder interessierte Handwerksbetrieb bzw. Hersteller überträgt nun sein Angebot über das BSC zu dem jeweiligen Auftraggeber.

Für Großprojekte wird ein spezieller Informationspool von dem Architekten in dem BSC eingerichtet. Zu diesem Informationspool haben dann nur die an diesem Projekt beteiligten Unternehmen eine Zugangsberechtigung. In diesem Informationspool sind Zeichnungen, Termine etc. abrufbar. In einem Diskussionsforum könnten dann die in einem Projekt auftretenden Probleme zur Diskussion gestellt werden.

Die durch das BSC verbundenen Unternehmen bilden im Prinzip für die Dauer des Projektes ein Team, welches sich nach der erfolgreichen Durchführung wieder auflösen wird.

In wenigen anderen Branchen ist die gegenseitige Abhängigkeit der einzelnen Gewerke so groß wie in der Baubranche, zu der auch die Sanitärbranche zählt. Daher ist es wichtig, daß auch in anderen Branchen BSC eingerichtet werden und die Möglichkeit der Verbindung besteht, um unnötige Leerlaufzeiten der einzelnen Handwerker zu vermeiden.

---

[1] vgl. Fischer J., Vorlesungsskript zur Vorlesung : Betriebswirtschaftliche Anwendungssysteme, U-GH Paderborn, WS 94/95, S. 122

Im ersten Augenblick scheint es so, daß nur große Unternehmen mit einer großen DV-Abteilung Nutzen von einem BSC haben.

Dies ist nicht so. Um Teilnehmer eines BSC zu werden, wird nur ein PC-Arbeitsplatz mit einem Zugang zu einem Datenübertragungsnetz benötigt. Dieser Arbeitsplatz kann nach einem Zugriff auf das BSC wieder für alle anderen anfallenden Aufgaben verwendet werden. Die Zugangssoftware wird von dem Betreiber des BSC zur Verfügung gestellt.

Ein weiterer Vorteil, besonders für kleinere Handwerksbetriebe, besteht darin, daß diese zusätzlich zu ihren regionalen Aufträgen, auch die Möglichkeit haben, zu überregionalen Ausschreibungen aus dem BSC-Pool Angebote abgeben zu können.

Auch die Einordnung der BSC-Struktur in eine der vier Integrationsgrade der ZBI nach SCHUMANN gestaltet sich schwierig. Sicher kann allerdings gesagt werden, daß die BSC-Struktur den Anforderungen der ersten beiden Integrationsgraden entspricht.

Ansätze der Funktionsverlagerung sind durch die neue Möglichkeit der Auftragsausschreibung erkennbar. Zur Steuerung zeitkritischer Just-in-Time-Anwendungen sind die Intervalle der Kontaktaufnahmen mit dem BSC entsprechend kurz zu wählen oder eine Direktverbindung zum BSC herzustellen.

4.2.2.3 Strategische Allianzen zwischen Unternehmen in Form von virtuellen Unternehmen

Dominierende Zielsetzung für die Errichtung von virtuellen Unternehmen ist die Realisierung von zeitlich begrenzten Marktpotentialen durch die Einrichtung von Gemeinschaftsunternehmen.[1]

Um Marktpotentiale oder unternehmensfremde Kompetenzen nutzen zu können, gab es in der Vergangenheit nur den Weg der Fusionierung. Diese Entscheidung führte zum Verlust an Flexibilität und zur Unumkehrbarkeit der Entscheidung. Der Abbau der entstandenen Redundanzen und die Verbindung der Unternehmenskulturen schränkten die positiven Effekte der Fusion erheblich ein.[2]

Um diesen Problemen zu entgehen, schließen sich kooperationsbereite Unternehmen zu virtuellen Unternehmen zusammen. So können Unternehmen durch Auslagerung ganzer

---

[1] vgl. Olbrich T., Das Modell der „Virtuellen Unternehmen" als unternehmensinterne Organisations- und unternehmensexterne Kooperationsform, in Information Management, 9. Jg., 4/1994, S. 28
[2] vgl. ebenda, S. 31

Funktionsbereiche sich auf ihre Kerngeschäftsprozesse konzentrieren. Durch die Auslagerung von Funktionsbereichen sind die Unternehmen darüber hinaus in der Lage, sich zu verkleinern.[1] Bei dieser Art der Kooperation bleibt die formalrechtliche Selbständigkeit der beteiligten Unternehmen erhalten.

Diese neue Form der Kooperation bietet auch für kleine, hochspezialisierte Unternehmen die Möglichkeit auf dem Mark zu überleben, da für die Nutzung des Know-hows, bspw. in Form eines Patentes, die Übernahme des Unternehmens nicht mehr notwendig ist.

Die Geschäftsprozesse verändern sich vor allem für die Auftraggeber bzw. Kunden. Der Kunde ist nun über den Kooperationsgegenstand (Projekt) nur noch mit dem virtuellen Unternehmen verbunden. Vorher war der Kunde gezwungen, mit jedem beteiligten Unternehmen direkt zu kommunizieren und Verhandlungen zu führen. Mit der neuen Kooperationsform hat es für den Kunden den Anschein, daß die Leistungen „aus einer Hand" kommen.

4.3 Die wirtschaftliche Bedeutung von EDI-Standards

Die Bedeutung von EDI-Standards läßt sich mit der Fremdsprachenproblematik in der Geschäftswelt vergleichen. Hier hat sich weltweit die Englische Sprache als offizielle Geschäftssprache herauskristallisiert. Undenkbar wäre es, wenn für jedes Gespräch zwei Dolmetscher hinzugezogen werden müßten. Dies hätte teilweise zur Folge, daß die gesamten Transaktionskosten höher sind als das Volumen des Geschäftes. Die richtige Sprache wird also zum „K.o.-Kriterium" für die Auswahl der Geschäftspartner.
Ganz ähnlich verhält es sich mit den EDI-Standards. Mit dem Unterschied, daß die Verständigungsprobleme nicht erst bei internationalen Geschäftsbeziehungen beginnen. In der zwischenbetrieblichen Kommunikation treffen in der Regel DV-Anlagen und Software von unterschiedlichen Herstellern aufeinander.[2]

---

[1] vgl. Kilian, Picot, Neuburger, Electronic Data Interchange, 1. Aufl. Baden-Baden, 1993, S. 98
[2] vgl. Picot, Neuburger, Niggl, Wirtschaftlichkeitsaspekte des Electronic Data Interchange, in Office Management, 42. Jg., 6/1992, S. 41

Wenn es nun keine „gemeinsame Sprache" gibt, muß für jeden Geschäftspartner ein Dolmetscher in Form einer Übersetzungssoftware eingesetzt werden. Dies führt zu hohen Transaktionskosten. Der Einsatz von EDI ist ökonomisch nur sinnvoll, wenn die Vorteile von EDI höher sind als die durch EDI verursachten Kosten.

Für ein Unternehmen lohnt sich der Einsatz von EDI mit bilateralen Absprachen nur bei Geschäftspartnern mit entsprechend hohem Kommunikationsvolumen.[1] Besonders wichtig ist ein EDI-Standard, wenn mit Hilfe von EDI der hohe Koordinationsaufwand einer Teamorganisation reduziert werden soll.

Der Nutzen eines EDI-Standards ist nur dann zu realisieren, wenn eine ausreichend große Anzahl von Geschäftspartnern denselben Standard benutzen. Auch wenn nur noch einige wenige Standards genutzt werden, sind immer noch kostenintensive, bilaterale Absprachen notwendig.[2]

Für die Etablierung eines Standards ist die Phase am problematischsten, in der jedes Unternehmen die Anwendungsentscheidung der anderen Unternehmen abwartet. Dieses sogenannte Start-up-Problem[3] besteht darin, daß kein Anwender bereit ist, den ersten Schritt zu tun mit der Gefahr, daß in der ersten Zeit kein direkter Nutzenzuwachs durch den Standard entsteht.

Diesem Zustand kann entgegengewirkt werden, indem Branchenverbände, Behörden, Handelskammern oder ähnlich neutrale Institutionen die Interessenlagen bezüglich der EDI-Standards der einzelnen Unternehmen veröffentlichen. Dadurch können sich Unternehmen über ihre potentiellen Kommunikationspartner informieren und so die abwartende Haltung frühzeitig aufgeben.

Ökonomisch sinnvoll wäre es, wenn alle Kommunikationspartner denselben EDI-Standard verwenden würden. Die Unternehmen könnten dann direkt ohne weiteren Aufwand Daten elektronisch austauschen. Hierdurch wird eine offene Kommunikation erreicht, wie sie beim Telefon bzw. Telefax bereits realisiert wurde.[4]

Zusammenfassend kann festgestellt werden, daß Standards eine tragfähige wirtschaftliche Grundlage für die Nutzung von EDI liefern bzw. eine der Grundvoraussetzungen sind, um EDI ökonomisch betreiben zu können.

---

[1] vgl. Kilian, Picot, Neuburger, Electronic Data Interchange, 1. Aufl. Baden-Baden, 1993, S. 44
[2] vgl. ebenda, S. 45
[3] vgl. ebenda, S. 69
[4] vgl. Picot, Neuburger, Niggl, Ökonomische Perspektiven eines „Electronic Data Interchange", in Information Management, 6. Jg., 2/1991, S. 23

4.4 Die Problematik der Wirtschaftlichkeitsbetrachtung von EDI-Investitionen

Die meisten Unternehmen stützen ihre Investitionsentscheidungen auf das in Geldeinheiten ausgedrückte Verhältnis zwischen erzielbaren Ergebnissen (Leistungen) und dem dafür notwendigen Mitteleinsatz (Kosten).

So einfach diese Definition der Wirtschaftlichkeit auch ist, der Versuch der praktischen Anwendung bei der Beurteilung von EDI-Investitionen stößt auf Probleme.

Einige typischen Problemfelder[1] bei der Beurteilung von EDI-Investitionen werden nun betrachtet.

Ein Problem besteht in der Definition von Maßgrößen, an denen die Veränderungen der Wirtschaftlichkeit zu erkennen sind. Da sowohl auf der Kosten- als auch auf der Leistungsseite eine Vielzahl von Maßgrößen möglich sind, ist eine Bewertung nur durch die Auswahl einiger Maßgrößen möglich.

Die Maßgrößen selber sind wiederum in Leistungs- und Kostenkriterien zu unterscheiden.

Auf beiden Seiten der Wirtschaftlichkeit gibt es Kriterien, die schwer zu quantifizieren sind. Auf der Kostenseite sind bspw. die organisatorischen Anpassungen zu nennen, die notwendig werden, wenn EDI zur Koordination von Teams genutzt werden soll. Oder die Problematik der Bewertung der Kosten bzw. Risiken, die durch die verfrühte Entscheidung für einen EDI-Standard entstehen können.

Auf der Leistungsseite sind die Flexibilitäts- und Wettbewerbsvorteile, hervorgerufen durch strategische Allianzen, zu nennen, die nur sehr schwer zu quantifizieren sind.

Nach der Ermittlung der Maßgrößen entsteht die Problematik der Zuordnung von Kosten und Leistungen im Hinblick auf Zeit und Raum.

Die Kosten in Form von Software- und Hardware Installationen sowie Schulungen entstehen sofort, der Nutzen dieser Investitionen liegt allerdings in der Zukunft.

Besonders bei der Koordination von Teams durch EDI treten Kosten- und Leistungen räumlich verteilt auf und können nur schwer oder gar nicht dem Verursacher direkt zugeordnet werden.

---

[1] vgl. Reichwald R., Kommunikation, in Bitz, Dellmann, Domsch, Egner, Hrsg.: Vahlens Kompendium der Betriebswirtschaftslehre Bd. 2, 2. Aufl., München, 1990, S. 451ff

Innovative Effekte, die durch den Einsatz von EDI auftreten, haben häufig erhebliche wirtschaftliche Auswirkungen. Diese Auswirkungen, ausgelöst bspw. durch die Einrichtung von BSC, sind im voraus nicht zuverlä.sig abzuschätzen. Dazu kommt, daß es sich bei EDI um eine junge Technologie handelt, für die kaum Erfahrungswerte vorliegen.

Aus den genannten Problemfeldern ist zu folgern, daß die traditionellen Wirtschaftlichkeitsrechnungen für die Bewertung einer EDI-Investition nicht verwendbar sind. Dies führt zu der Vermutung, daß Entscheidungen über die Einführung von EDI aufgrund dieser Bewertungsunsicherheiten nicht gefällt oder verschoben werden.

5.0 Gestaltungselemente des elektronischen Datenaustausches

Dieses Kapitel behandelt im wesentlichen die technischen Grundlagen von EDI, und gliedert sich in drei Teile: Am Anfang steht die für EDI notwendige Infrastruktur, im zweiten Teil werden die möglichen Kommunikationsarten von EDI aufgezeigt, den Abschluß bildet eine Zusammenfassung.

5.1 Notwendige Infrastruktur für EDI

5.1.1 Datenübertragungsnetze

Im Bereich der EDI-Infrastruktur ist das Medium, über das die Daten ausgetauscht werden, sicherlich die wichtigste Komponente.
In Deutschland herrscht noch eine besondere Monopolstellung der heutigen Telekom AG im Bereich der grundstücksübergreifenden Telekommunikation. Bis 1993 hatte die damalige Deutsche Bundespost das alleinige Netzbetreibermonopol sowohl für Sprach- als auch Datenübertragung. Dies hat zur Folge, daß heute, obwohl das Monopol nur noch für die Sprachübertragung gilt, kein flächendeckendes, öffentlich zugängliches Kommunikationsnetz von einem privaten Anbieter angeboten wird; und die wenigen z.Zt. von privaten Unternehmen angebotenen Datenübertragungsdienste greifen letztendlich größtenteils wieder auf die Datenübertragungsnetze der Telekom AG zurück.

Aus diesem Grund werden nur die wichtigsten Datenübertragungsnetze, die von der Telekom AG heute bzw. in näherer Zukunft angeboten werden kurz vorgestellt. Proprietäre Netze sollen hier ebenfalls nicht weiter erläutert werden, da EDI nur mit Netzen, die für jeden zugänglich sind schnelle und weite Verbreitung erfahren kann.

5.1.1.1 Telefonnetz

Das sicherlich nicht nur in Deutschland am weitesten verbreitete Kommunikationsnetz ist das Telefonnetz. Diese Verbreitung bspw. war der Hauptgrund für die weltweite Verbreitung der Telefaxgeräte.

Durch die Entwicklung von „schnellen" Modems, die z.Zt. Übertragungsgeschwindigkeiten von bis zu 28,8 Kbit/s ermöglichen, erlebt das analoge Telefonnetz noch einmal eine Renaissance als Datenübertragungsnetz.

Die Kosten für die Übertragung sind abhängig von Dauer, Entfernung, Tag und Uhrzeit der Nutzung.

Das Telefonnetz ist als multifunktionales Telekommunikationsnetz für viele Anwendungen immer noch eine gute Alternative zu dem neuen digitalen ISDN-Netz der Telekom AG. Beispielsweise können sich Außendienstmitarbeiter von jedem Punkt der Erde in das unternehmenseigene DV-System einwählen und Daten austauschen.

5.1.1.2 ISDN

ISDN steht für Integrated Services Digital Network und bezeichnet ein voll digitales leitungsvermitteltes Wählnetz.

Trotz der Einführung am 01.11.1988 erfreut sich ISDN z.Zt. noch keiner sehr großen Akzeptanz. Zum einen liegt dies sicherlich an der neuen leistungsfähigen Generation der Modems, zum anderen an der geringen Verbreitung von ISDN in der Geschäftswelt.

Eindeutige Vorteile von ISDN sind :

- die Übertragungsgeschwindigkeit von 192 Kbit/s bei einem Basisanschluß und bis zu 2048 Kbit/s bei einem Primärmultiplexanschluß
- der Wegfall von Modems, da Endgeräte direkt angeschlossen werden können

- die identische Gebührenstruktur wie beim analogen Telefonnetz
- die Möglichkeit für unterschiedlichste Anwendungen nur ein Datenübertragungsnetz verwenden zu können

5.1.1.3 Datex-P

Das Datex-P Netz ist ein digitales Datenübertragungsnetz, welches die Daten in Form von Paketen verschickt.

Der Zugang zu einer Datenvermittlungsstelle ist auf zwei unterschiedliche Arten möglich:

- Die Teilnehmer haben einen Datex-P Hauptanschluß, der Übertragungsgeschwindigkeiten von bis zu 64 Kbit/s ermöglicht.
- Über eine PAD-Einrichtung können auch Datenendeinrichtungen Daten über das Datex-P Netz austauschen, die nicht in der Lage sind, die Daten in Paketform zu verarbeiten.

Die PAD-Einrichtung ermöglicht z.B. den Zugang über das analoge Telefonnetz und dem Datex-L Netz. Über ein IPU ist auch ein Zugang von ISDN möglich.

Die Übertragung der Daten in Form von Paketen ermöglicht den Ausgleich von unterschiedlichen Übertragungsgeschwindigkeiten zwischen den einzelnen Teilnehmern.

Die Gebühren sind benutzungsorientiert, mengenorientiert und von der Entfernung abhängig.

Die Verbreitung des Datex-P Netzes ist auch international sehr hoch. So sind Übergänge in 190 ausländische paketvermittelnde Datennetze in 90 Ländern möglich.[1]

Das Datex-P Netz ist für Dialoganwendungen mit eher geringem Datenvolumen verwendbar[2].

---

[1] vgl. Hansen R., Wirtschaftsinformatik I, 6. Aufl., Stuttgart, 1992, S. 690
[2] vgl. ebenda, S. 691

5.1.1.4 Datex-L

Das Datex-L Netz ist ein digitales Wählnetz für die Datenübertragung. Es wird ähnlich wie bei dem Telefonnetz eine Leitung direkt zwischen den Kommunikationspartnern geschaltet. Durch Bündeln von Leitungen lassen sich Übertragungsgeschwindigkeiten von bis zu 250 Kbit/s erreichen.

Da die Verbindung direkt zwischen den Kommunikationspartnern geschaltet wird müssen beide Teilnehmer die Daten mit derselben Übertragungsgeschwindigkeit austauschen. Darüber hinaus müssen die Datenendeinrichtungen kompatibel sein, dies macht zusätzliche Absprachen der Partner notwendig[1]

Die Gebühren sind abhängig von Verbindungsdauer, Entfernung, Tag, Uhrzeit und Übertragungsgeschwindigkeit. Die Gebühren liegen in der Größenordnung des Telefonnetzes.

Das Datex-L Netz eignet sich aufgrund der Gebührenstruktur für kurze Dialoge vor allem bei weiten Entfernungen, da es nur 3 Entfernungszonen gibt.

5.1.1.5 Datex-M

Datex-M ist ein digitales Hochgeschwindigkeitsnetz, welches für die regionale und überregionale Verknüpfung von lokalen Datennetzen konzipiert ist.[2]

Zum jetzigen Zeitpunkt sind 12 deutsche Großstädte über Datex-M Knoten verbunden. Die Telekom AG baut dieses Netz bedarfsorientiert aus.[3]

Die Spannweite der Übertragungsgeschwindigkeiten reicht von 64 Kbit/s bis zu 34 Mbit/s, für unternehmensinterne Netze sind Übertragungsgeschwindigkeiten von bis zu 140 Mbit/s möglich.

Für Datex-M gibt es keine öffentlichen Tariflisten. Die Tarife werden individuell mit der Telekom AG ausgehandelt. Die Grundlage für die Gebühren bildet die gewünschte Zugangsgeschwindigkeit und das übertragene Datenvolumen. Aufgrund des verwendeten international gültigen Standards SMDS sind internationale Verbindungen problemlos möglich.[4]

---

[1] vgl. Schmoll T., Handelsverkehr, elektronisch, weltweit, 1. Aufl., München, 1994, S. 122
[2] vgl. Naar M., Datex M, die deutsche Datenautobahn, in Funkschau, 67. Jg., 23/1994, S. 55
[3] vgl. Moritz P., Autobahn-Baustelle, in c't-magazin für computertechnik, 11. Jg., 10/1994, S.106
[4] vgl. ebenda, S.106

Die Verwendung des Datex-M Netzes in der Automobilindustrie und im grafischen Gewerbe hat gezeigt, daß dieses Netz bereits heute schon die viel diskutierte Datenautobahn zur Verfügung stellt.[1]

5.1.1.6 B-ISDN

Während Datex-M heute marktreif und verfügbar ist, befindet sich das Breitband-ISDN noch in einem Entwicklungsstadium. Als breitbandiges Gegenstück zu ISDN wird B-ISDN ebenfalls mehrere Dienste an einem Anschluß anbieten.[2] Die Daten werden allerdings nicht wie beim ISDN über eine Doppelader übertragen, sondern über Glasfaserleitungen. Diese Glasfasertechnik ermöglicht eine Übertragungsgeschwindigkeit von bis zu 155 Mbit/s.[3]

5.1.2 Telekommunikationsdienste

Unter Telekommunikationsdiensten sind alle Dienste und Dienstleistungen auf Basis von Telekommunikationsverbindungen zu verstehen, die über die reine Bereitstellung des Übertragungsmediums hinausgehen.[4]
Im folgenden werden die z.Zt. populärsten Kommunikationsdienste vorgestellt.

5.1.2.1 Datex-J

Datex-J ist ein öffentlicher, bundesweiter Informations-, Kommunikations- und Datenfernverarbeitungsdienst. Dieser Telekommunikationsdienst, 1983 von der damaligen Deutschen Bundespost gegründet, nutzt als Übertragungsmedium das öffentliche Telefonnetz.
Die Übertragungsgeschwindigkeit beträgt z.Zt. 2,4 Kbit/s, bis zum Herbst 1995 wird die Telekom AG flächendeckend Anwählpunkte mit 14,4 Kbit/s zur Verfügung stellen.

---

[1] vgl. Moritz P., Autobahn-Baustelle, in c't-magazin für computertechnik, 11. Jg., 10/1994, S.108
[2] vgl. ebenda, S.106
[3] vgl. Göbel F., Datenfernverarbeitung professionell, 1. Aufl., München, 1987, S. 61
[4] vgl. Harter G., VANS und die anderen „Vs", in VANS 91, Hrsg. EWI Gesellschaft für Europäische Wirtschaftsunion mbH, Starnberg, 1991, S. 11

In einigen Großstädten sind heute bereits Anwählpunkte mit 28,8 Kbit/s bzw. über ISDN zu erreichen.

Das von Datex-J bisher verwendete CEPT-Übertragungsprotokoll, welches nur Blockgrafikdarstellungen zuläßt, wird in Zukunft von KIT ersetzt werden. Dieses neue Übertragungsprotokoll nutzt die Darstellungsmöglichkeiten der Datenendeinrichtung der Anwender. Darüber hinaus trägt KIT dem Multimedia-Boom Rechnung; Videosequenzen, Text- und Tonausgabe sind im KIT-Standard vorgesehen.[1]

Datex-J Benutzer können Informationen abrufen, die die Telekom zur Verfügung stellt. Darüber hinaus haben die Benutzer die Möglichkeit, sich aus dem vielfältigen Angebot der privaten Informationsanbieter zu bedienen. Bspw. werden Ersatzteilbestellungen der Unterhaltungselektronikindustrie bereits heute über Datex-J abgewickelt.

Durch die Möglichkeit der Einrichtung von geschlossenen Benutzergruppen ist auch die Anbindung von Außendienstmitarbeitern an die unternehmenseigene DV-Anlage möglich. Darüber hinaus existieren bereits heute Übergänge vom Datex-J Netz in das Telexnetz und das Datex-P Netz. Weiter besteht die Möglichkeit aus Datex-J heraus Telefaxnachrichten zu versenden. Die neueste Serviceleistung des Datex-J Dienstes ist die Bereitstellung einer X.400 konformen E-Mail Adresse für jeden Teilnehmer.[2]

5.1.2.2 Internet

Das heutige Internet ist aus der militärischen Forschung der USA während des kalten Krieges entstanden. Das Internet ist heute das größte herstellerunabhängige Computernetzwerk der Welt. In diesem Netzwerk ohne zentrale Steuerung und Kontrolle ist jeder Knoten in der Lage, trotz Ausfall anderer Knoten die Verbindungen aufrechtzuhalten.[3]

Die Spannweite der Anwendungen geht von der persönlichen Kommunikation via E-Mail über Diskussionsforen bis zur weltweiten Informationssuche. Der wohl am häufigsten genutzte Dienst im Internet ist der Austausch von elektronischer Post (E-Mail). Es wird geschätzt, daß weltweit 20 Millionen Teilnehmer das Internet nutzen.

[1] vgl. Fischer T., Deth C., Abgestaubt, in c't-magazin für computertechnik, 12. Jg., 4/1995, S.102
[2] vgl. Fey J., Kunze M., Schwimmen im Infopool, in c't-magazin für computertechnik, 12. Jg., 4/1995, S.172
[3] vgl. Weichselgartner E., Im Rausch. Vom Wissenschaftsnetz zum elektronischen Einkaufszentrum, in iX, 5. Jg., 9/1994, S. 37

War der Zugang zum Internet bis vor wenigen Jahren ausschließlich Nutzern im Umfeld von Universitäten und Forschungszentren vorbehalten, so ist es heute jedem Anwender möglich, den Zugang über einen privaten Serviceanbieter zum Internet zu bekommen.

5.1.2.3 Telebox 400

Mit Telebox 400 stellt die Telekom AG ein Mailbox-System für den Text- und Datenaustausch zur Verfügung. Seit 1988 werden die Daten nach der CCITT Empfehlung X.400ff übertragen.

In der Telebox 400 werden zwei Dienstleistungen zur Verfügung gestellt :

- Telebox 400-MT (Messagetransfer)
- Telebox 400-IPM (Interpersonal Messaging)

Die Telebox 400-MT ermöglicht den weltweiten Nachrichtenaustausch nach den CCITT-Empfehlungen X.400ff. Hierbei übernimmt die Telebox 400-MT den eigentlichen Transport der Nachricht.[1]

Die Telebox 400-IPM dagegen ist ein Mitteilungssystem der Telekom AG.

Die gesamte Telebox 400 ist als eine Art elektronisches Postamt zu verstehen, in dem elektronische Postfächer gemietet werden können. Jeder Teilnehmer des Telebox 400-IPM System hat sein eigenes Postfach und kann dies nach seiner Identifizierung auslesen.

Das System stellt eine Vielzahl von Möglichkeiten für das Erstellen, Empfangen, Versenden, Bearbeiten und Beantworten von Nachrichten zur Verfügung.

Indem die Nachrichten in jedem beliebigen Datenformat übertragen werden können, bestehen auch keinerlei Restriktionen hinsichtlich der zu übertragenen Inhalte.[2]

Der Zugang ist über das öffentliche Telefonnetz, über das Datex-P Netz und über ISDN möglich.

Übergänge aus der Telebox 400 heraus sind zum Telexnetz, Telefaxnetz, Datex-J Dienst und zum Cityruf-Dienst möglich.[3]

---

[1] vgl. Schmoll T., Handelsverkehr, elektronisch, weltweit, 1. Aufl., München, 1994, S. 134f
[2] vgl. ebenda, S. 136
[3] vgl. Telebox 400-IPM, Produktbeschreibung für IPM und PC-Box-Software, Hrsg. Deutsche Bundespost Telekom, Darmstadt, 1994, S. 6

Die Telekom AG beabsichtigt in naher Zukunft, ein Gateway für den Zugang von und nach Internet-Mail einzurichten.[1]

Nachteilig ist z.Zt. noch die relativ geringe Akzeptanz des Nachrichtenaustauschdienstes. Anfang 1991 nutzen nur ca. 2800 Teilnehmer den Telebox 400 Dienst[2], trotz der vielfältigen Zugangsmöglichkeiten.

5.1.2.4 CompuServe

CompuServe ist mit über 2,5 Millionen Teilnehmern der z.Zt. größte kommerzielle Online-Informationsdienst.[3]

Der Kern des CompuServe Angebotes ist der CompuServe-Informationsdienst. CompuServe beschreibt sich selbst als Kommunikationszentrum, Nachschlagewerk, Nachrichtenstation, Reiseagentur, Börse und Einkaufszentrum.

Neben den vielfältigen Informationen der Nachrichtenagenturen und Online-Enzyklopädien sind die über 500 Diskussionsforen, davon über 30 deutschsprachig, eine schier unerschöpfliche Informationsquelle. Selbst 700 renommierte Hard- und Softwareunternehmen lassen es sich nicht nehmen, in eigenen Foren Informationen und Hilfestellungen zu ihren Produkten zu geben oder Updates und Demoversionen von Softwareprodukten anzubieten.[4]

Ein weiterer Dienst ist die CompuServe-Mail mit Übergängen zu zahlreichen anderen Netzen und Diensten wie bspw. dem Telebox-400 Dienst.[5]

Das neueste Angebot ist die Möglichkeit, Dienste aus dem Internet direkt nutzen zu können.

Der Grundpreis für die unbegrenzte Nutzung von 100 Diensten beträgt 9,95 US $[6], darüber hinaus kostet jedes weitere Forum 4,80 US $ pro Stunde.[7] Dazu kommen noch die Gebühren für das genutzte Datenübertragungsnetz.

---

[1] vgl. o.V., Neue Features bei Telebox-400, in x'change, 1. Jg., 2/1994, S. 6
[2] vgl. Schmoll T., Handelsverkehr, elektronisch, weltweit, 1. Aufl., München, 1994, S. 137
[3] vgl. Fey J., Kunze M., Schwimmen im Infopool, in c't-magazin für computertechnik, 12.Jg., 4/1995, S. 170
[4] vgl. Bhattacharjee E., Daten-Gigant, in cogito, 10. Jg., 5/94, S. 25
[5] vgl. ebenda, S. 24
[6] Stand 4.95
[7] vgl. Fey J., Kunze M., Schwimmen im Infopool, in c't-magazin für computertechnik, 12. Jg., 4/1995, S. 170

5.1.2.5 Microsoft Network

Microsoft stellt mit dem Erwerb von Windows'95 dem Endanwender die Möglichkeit zur Verfügung, sich mit einem „Mausklick" in das Microsoft Netz einzuklinken. Durch die Einbindung der Zugangssoftware in das Betriebssystem wird jeder Anwender in die Lage versetzt, mit geringem technischen Aufwand weltweit zu kommunizieren. Sollte das neue Betriebssystem Windows'95 ebenso flächendeckende Verbreitung finden wie sein Vorgänger, dann wären Millionen von Windows-Arbeitsplätzen mit einem Mal elektronisch erreichbar. Vorausgesetzt, daß die technischen Verbindungen zum Übertragungsnetz vorhanden sind.

Die Inhalte, die Microsoft anbieten wird, werden ähnlich denen von CompuServe sein. Wobei sicherlich ein Schwerpunkt auf der Unterstützung der Microsoft Produktpalette liegen wird. Darüber hinaus wird von Anfang an der Durchgriff auf alle Internetdienste angeboten. Dies bedeutet wiederum, daß der Windows'95 Benutzer Zugang zu Internet-, MS- und CompuServe-Mail hat.

Die Gebührenstruktur steht noch nicht endgültig fest. Nach ersten Informationen wird es einen Grundbetrag geben, der einige Stunden Online-Zeit enthalten wird. Ob in der Zukunft die Abrechnungsgrundlage die übertragene Datenmenge sein wird, ist nicht bekannt.[1]

5.1.2.6 Zusammenfassung

Alle in diesem Abschnitt beschriebenen Telekommunikationsdienste, ausgenommen der Telebox 400 Dienst, stellen eine Vielzahl unterschiedlicher Informationen zur Verfügung. Doch um Daten mit einem Geschäftspartner elektronisch austauschen zu können, spielt das Informationsangebot des genutzten Telekommunikationsdienstes eine sehr untergeordnete Rolle.

Demnach ist das Entscheidungskriterium für einen Telekommunikationsdienst, mit dem elektronisch Daten ausgetauscht werden, nicht die angebotene Informationsvielfalt.

---

[1] vgl. Fey J., Kunze M., Schwimmen im Infopool, in c't-magazin für computertechnik, 12.Jg., 4/1995, S. 169

Vielmehr sind folgende Fragen für beide Teilnehmer befriedigend zu beantworten:

- Wie verbreitet ist der gewünschte Telekommunikationsdienst bzw. welche Datenaustauschnormen werden von diesem Dienst unterstützt ?

- Wie leicht ist der Zugang zu dem Dienst für den Endnutzer und welche technische Ausstattung ist notwendig, um Daten austauschen zu können ?

Das in naher Zukunft verfügbare Microsoft Network wird sicherlich Bewegung in das Umfeld der Telekommunikationsdienste bringen. Dies um so mehr, wenn man sich von der Vorstellung leiten läßt, daß in kürzester Zeit alle bisherigen Windows-Arbeitsplätze mit einem „Mausklick" elektronisch verbunden werden können.

5.1.3 Hardware

Der Begriff der Hardware bezieht sich in diesem Zusammenhang auf die notwendige Ausstattung des Endanwenders und die direkte Verbindung zu den Datenübertragungsnetzen.

Um Daten über ein Datennetz austauschen zu können, sind grundsätzlich zwei Komponenten notwendig: eine Datenendeinrichtung und eine Datenübertragungseinrichtung.

Bei der Datenendeinrichtung wird es sich im allgemeinen um ein Personal-Computer-System handeln, welches in vielen Fällen über ein lokales Datenübertragungsnetz mit der Datenübertragungseinrichtung verbunden ist.

Die Datenübertragungseinrichtung ist eine Einrichtung, die die Datensignale, die von der Datenendeinrichtung kommen, in für das Datenübertragungsnetz verständliche Signale umwandelt. Im allgemeinen geschieht dies durch Modems, ISDN-Adaptern oder direkt durch einen entsprechenden Netzwerkadapter.

Die durch die Wahl der Datenübertragungseinrichtung festgelegte Übertragungsgeschwindigkeit ist bei den meisten Netzen hauptverantwortlich für die entstehenden Übertragungskosten.

Abschließend ist anzumerken, daß im Bereich der stationären Datenkommunikation keinerlei Probleme oder Engpässe mehr auftreten bezüglich der Hardware.

Im Gegensatz dazu sind im Bereich der mobilen Datenkommunikation noch nicht alle Probleme in Bezug auf den Zugang zu Datennetzen befriedigend gelöst.

5.1.4 Software

Bei der Software verhält es sich wie bei der Hardware, es werden nur Anforderungen an die Software betrachtet, die für den elektronischen Datenaustausch notwendig sind.

Liegt bei der Hardware das Augenmerk auf dem Datendurchsatz der einzelnen Komponenten, so muß sich die Software neben der befriedigenden Erfüllung der gestellten Anforderungen auch durch einfache Bedienung auszeichnen.

Die Software für den elektronischen Datenaustausch hat primär zwei Anforderungen zu genügen. Die eine ist die dem Übertragungsstandard entsprechende Steuerung der Datenübertragungseinrichtung. Die andere Anforderung ist die Bereitstellung einer Benutzeroberfläche für die komfortable Nutzung der unterschiedlichen Telekommunikationsdienste. Hierbei sind die Grenzen von spezieller Anwendungssoftware wie z.B. Bestellsysteme, Datenbanken und Textverarbeitungssystemen zu einer reinen Datenübertragungssoftware fließend.

Die Software sollte so gestaltet sein, daß sie sich nahtlos in die bereits bestehende Software- bzw. Betriebssystemumgebung einfügt, damit durch mangelhafte Software nicht frühzeitig Akzeptanzbarrieren, durch die Anwender aufgebaut werden.

In Kapitel 8 wird ein vom mir erstellter Softwareprototyp beschrieben, der u.a. zeigt, wie sich eine EDI-Software in eine bestehende Betriebssystemumgebung einfügen sollte.

5.1.5 Übertragungsstandards

Übertragungsstandards lassen sich in die Gruppe der Anwendungsdienste und die Gruppe der Datenaustauschformate unterteilen.[1]

---

[1] vgl. Schmoll T., Handelsverkehr, elektronisch, weltweit, 1. Aufl., München, 1994, S. 71

5.1.5.1 Anwendungsdienste

In der ITU, die eine Unterorganisation der UN ist, sind alle Postverwaltungen und Er-
bringer der öffentlichen Fernmeldedienste der Welt vertreten.[1] Die ITU spricht Empfehlungen für alle Bereiche der Telekommunikation aus.[2] Diese Empfehlungen werden dann
größtenteils in den einzelnen Ländern in den Status einer nationalen Norm erhoben.
Im folgenden werden die Empfehlungen X.400 und X.500 vorgestellt und deren Funktionalität erläutert.

5.1.5.1.1 Die X.400-Empfehlung

Die X.400-Empfehlung beschreibt ein Modell für Mitteilungsübermittlungssysteme. In
dieser Empfehlung sind der Meldungsübermittlungsdienst (MTS) und der Mitteilungsdienst zwischen Personen (IPMS) definiert.

Der MT-Service stellt die Möglichkeit der zuverlässigen, verbindungslosen Übermittlung
von Daten mit beliebigen Ausprägungen zur Verfügung.[3]

Der Mitteilungsdienst zwischen Personen stellt die eigentliche elektronische Übermittlung der Nachrichten dar. Die Nutzer dieses Dienstes sind üblicherweise die Personen,
die miteinander Informationen austauschen wollen.[4]

Der größte Nutzen der X.400-Architektur verglichen mit proprietären elektronischen
Datenaustauschdiensten ist die international gültige Adressierung der einzelnen Kommunikationspartner. Wobei die Möglichkeit der Adressierung bis zu dem einzelnen Ar-
beitnehmer in einem Konzern hinunterreicht.

In Verbindung mit einem X.500-Directory Service[5] genügt der Name und evtl. ein weiteres Attribut, um den gewünschten Kommunikationspartner weltweit eindeutig adressie-
ren zu können.

Dies reduziert für den Endanwender in hohem Maße den Aufwand der Adressierung
seiner Nachrichten. Dies kommt ganz besonders dann zum Tragen, wenn die Kommunikationspartner in wechselnden Teams bzw. in der Zukunft in virtuellen Unternehmen
tätig sind, die sich von Großauftrag zu Großauftrag räumlich unabhängig neu bilden.

---

[1] vgl. Jonas C., Datenfernübertragung mit Personal-Computern, 1. Aufl., Würzburg, 1992, S. 56
[2] vgl. Göbel F., Datenfernverarbeitung professionell, 1. Aufl., München, 1987, S. 108f
[3] vgl. Plattner, Lanz, Lubich, u.a., Elektronische Post und Datenkommunikation, 1. Aufl., München, 1989, S. 55
[4] vgl. Babatz R., Elektronische Kommunikation, 1. Aufl., Braunschweig, 1990, S. 26
[5] siehe auch unter 5.1.5.1.2

Zur Zeit wird der Verzeichnisdienst noch überwiegend genutzt, um die Adresse des Kommunikationspartners zu ermitteln. Diese Funktionalität wird bei der rasch wachsenden Anzahl von Kommunikationsteilnehmern auch weiterhin eine zentrale Rolle spielen.

Zusammenfassend kann die X.400-Empfehlung als ein elektronisches Postverteilsystem bezeichnet werden. Die Nachrichten bestehen aus einem Umschlag und dem Inhalt. Auf dem Umschlag stehen die Daten, die für den Versand notwendig sind.[1] Der Inhalt selber besteht wiederum aus einem Kopf mit der direkten Adressierung des Empfängers und einem Rumpf. Dieser Rumpf enthält den eigentlichen Inhalt der Nachricht. Die Nachricht kann unterschiedliche Text-, Grafik-, und Toninformationen enthalten.[2]

Seit 1990 ist die X.400-Empfehlung durch eine X.435-Empfehlung erweitert worden. Mit dieser Erweiterung kann der Rumpf mit den Informationen zusätzlich noch einen speziellen EDIFACT[3]-Teil enthalten.

5.1.5.1.2 Die X.500-Empfehlung

Die X.500-Empfehlung steht nur indirekt mit der Datenübertragung in Verbindung. Die X.500-Empfehlung ist ein baumartig aufgebauter Verzeichnisdienst. Dieser Verzeichnisdienst ist in den Zugriff- und Organisationsmechanismen mit verteilten Datenbanken vergleichbar.[4]

Die bekannteste und auch z.Zt. häufigste Anwendung des Verzeichnisdienstes ist der Einsatz als elektronisches Teilnehmerverzeichnis.[5]

In diesen Verzeichnissen können aber nicht nur Adressen von Personen, sondern bspw. auch EDI-Eigenschaften oder organisatorische Bezeichnungen von Kommunikationsteilnehmern zur Verfügung gestellt werden.[6] Nach diesen Eigenschaften kann in der gesamten Verzeichnisstruktur gesucht werden.

Darüber hinaus stellt die X.500-Empfehlung noch zwei Sicherheitsdienste zur Verfügung, die Authentifizierung und die Autorisierung.

---

[1] vgl. Matz J., Mailing Services als EDI Struktur, Vortrag auf dem Internationalen Congress für Bürokommunikation und Informationsmanagement in Mainz, 23.-24.9.1993, S. 10
[2] vgl. Babatz R., Elektronische Kommunikation, 1. Aufl., Braunschweig, 1990, S. 26
[3] ausführliche Beschreibung siehe 5.1.5.2.2
[4] vgl. Plattner, Lanz, Lubich, u.a., Elektronische Post und Datenkommunikation, 1. Aufl., München, 1989, S. 211
[5] vgl. Hansen R., Wirtschaftsinformatik I, 6. Aufl., Stuttgart, 1992, S. 865
[6] vgl. Fischer J., Teamwork mit EDI in Business Computing, 1. Jg., 11/93, S. 100

Die Authentifizierung umfaßt das Bestätigen der Identifikation von Benutzern. Die Autorisierung verwaltet und kontrolliert den Zugriff auf die im Verzeichnissystem gespeicherten Daten.[1]

Nicht nur aus Bequemlichkeit, sondern vor allem durch die zunehmende Anzahl an Telekommunikationsdiensten und deren Benutzer wird die Nutzung eines Verzeichnisdienstes immer notwendiger.

5.1.5.2 Datenaustauschformate

Die X.400 und X.500-Empfehlungen ermöglichen die Adressierung der Kommunikationspartner und die Übertragung der Daten. Die versendeten Daten sind aber wertlos, wenn der Empfänger sie nicht „versteht".

Dies beginnt bereits bei der E-Mail, wenn diese in einer Sprache verfaßt ist, die der Empfänger nicht versteht; ohne eine Übersetzung wäre diese Nachricht wertlos. Ebenso verhält es sich mit den alltäglichen Geschäftsdokumenten, wenn diese elektronisch ausgetauscht werden. Die Lösung ist die Schaffung von allgemein gültigen Austauschformaten.

Im Anschluß werden die z.Zt. bedeutendsten Datenaustauschformate für den Austausch formalisierter Daten und unstrukturierter Dokumente vorgestellt.

5.1.5.2.1 Die ODA-Norm[2]

Nicht erst der elektronische Austausch von Dokumenten wirft Probleme auf, schon der Austausch via Diskette zwischen zwei unterschiedlichen Textverarbeitungssystemen gestaltet sich oft schwierig. Mitte der achtziger Jahre griff die ISO dieses Problem auf und begann einen zukunftssicheren Standard zu definieren.[3] Hierbei ging es primär nicht um die Definition eines Austauschformates.

---

[1] vgl. Gehrke M. Analyse der internationalen Normen X.400 und X.500 im Hinblick auf eine reale Anwendung, 1. Aufl., Berlin, 1989, S. 6

[2] ODA ist das weitverbreiteste Akronym für die ISO-Norm 8013

[3] vgl. Frank U., Anwendungsnahe Standards der Datenverarbeitung: Anforderungen und Potentiale, in Wirtschaftsinformatik, 33. Jg., 4/1991, S. 102

Es sollte vielmehr eine Form gefunden werden, mit der die Architektur eines Dokumentes und dessen Bestandteile abgebildet werden können.[1]

Die ODA-Norm unterteilt ein Dokument in zwei Ebenen.

Die logische Struktur beschreibt das Dokument als eine Komposition aus Kapiteln, Überschriften, Abschnitten etc..

In der Layout-Struktur wird festgelegt, wie sich das Dokument auf dem gewünschten Ausgabemedium präsentieren soll. Beide Strukturen haben einen baumartigen Aufbau.[2]

Vereinfachend kann die ODA-Norm als eine herstellerunabhängige Beschreibungssprache für Dokumente bezeichnet werden.

5.1.5.2.2 UN/EDIFACT

In den USA begann die Transportindustrie vor 25 Jahren mit der Festlegung von Datenaustauschformaten. Die Europäische Gemeinschaft begann, 1983 vorhandene Datenaustauschformate in einen Normentwurf zusammenzufassen, um den automatisierten Handelsdatenaustausch zu optimieren. Dieser Entwurf wurde 1987 unter der Bezeichnung UN/EDIFACT offiziell verabschiedet, 1988 wurde UN/EDIFACT international Standard als ISO 9735.[3]

UN/EDIFACT, im weiteren Verlauf kurz EDIFACT genannt, ist eine Norm, die den Austausch von stark formalisierten Daten regelt.

Zum jetzigen Zeitpunkt gibt es ca. 42 verschiedene Nachrichtentypen.[4] Die verschiedenen Nachrichtentypen reichen von der Bestellung über die Rechnung bis zum Stammdatenaustausch. Insgesamt existieren ca. 42 Nachrichtentypen, die sich im Status einer Norm befinden. Weitere 127 Geschäftsvorfälle sind in der Vorbereitung.[5]

Den Anspruch an EDIFACT, die Erfordernisse des elektronischen Datenaustausches über alle Ländergrenzen hinweg zu erfüllen, unabhängig von der Wirtschaftsbranche und dazu hard- und softwareneutral, führte zu einer fast unüberschaubaren Komplexität und vielfältigen Interpretierbarkeit der Norm.

---

[1] vgl. Frank U., Anwendungsnahe Standards der Datenverarbeitung: Anforderungen und Potentiale, in Wirtschaftsinformatik, 33. Jg., 4/1991, S. 102
[2] vgl. Appelt, W., Dokumentenaustausch in offenen Systemen, 1. Aufl., Heidelberg, 1990, S. 10f
[3] vgl. Häßler, U., EDIFACT, in Datacom, 5. Jg., 10/1989, S. 98
[4] Stand 5.94
[5] vgl. Deutsch M., Unternehmenserfolg mit EDI, 1. Aufl., Wiesbaden, 1994, S. 40

Durch diese Komplexität der gesamten EDIFACT-Norm sind für die meisten Unternehmen einige Untermengen von Nachrichtentypen für ihre täglichen Geschäfte ausreichend. Aus diesem Bedarf heraus werden die sogenannten Subsets entwickelt, was sowohl auf europäischer als auch auf nationaler Ebene in Branchen- und Anwendergruppen geschieht.

Ein offiziell anerkannter Subset[1] ist eine exakt definierte Untermenge nutzbarer Nachrichtenarten, Datenelemente etc. aus den Darstellungsmöglichkeiten, die EDIFACT zur Verfügung stellt.

Problematisch wird die Subsetentwicklung, wenn sich aus ihr ein „Subset-Wildwuchs" entwickelt und die Subsets nicht mehr offiziell registriert und auf Einhaltung der EDIFACT-Syntax geprüft werden.

5.2 Mögliche EDI-Kommunikationsarten

Grundsätzlich lassen sich beim elektronischen Datenaustausch zwei Kommunikationsarten unterscheiden :

- die Punkt-zu-Punkt-Übertragung
- die zwischengespeicherte Übertragung

Die Daten werden entweder direkt mit dem Empfänger ausgetauscht oder über einen Datenmehrwertdienst dem Empfänger zur Verfügung gestellt.

5.2.1 Punkt-zu-Punkt-Übertragung

Bei der Punkt-zu-Punkt-Übertragung tauschen die Kommunikationspartner ihre Geschäftsdaten direkt untereinander aus. Es wird eine feste Verbindung zwischen den Kommunikationspartnern hergestellt.

---

[1] es existieren z.Zt. ca. 33 branchenspezifische Subsets

Damit sich der Sender und der Empfänger auch erreichen bzw. verstehen können, sind bilaterale Vereinbarungen über das Übertragungsprotokoll, das zu verwendende Datenübertragungsnetz und dem Zeitpunkt der Übertragung zu treffen. Aus der Art und Weise der Übertragung folgen zwangsläufig folgende Eigenschaften dieser Übertragungsart:

- die gesendeten Informationen sind bei dem Empfänger sofort weiterverarbeitbar. Dies ist für zeitkritische Anwendungen wie Just-in-Time-Bestellungen Voraussetzung
- der Absender erhält eine sofortige Empfangsbestätigung
- es fallen nur die Kosten an, die durch die übertragenen Datenmengen verursacht wurden

Die bilateralen Absprachen über gemeinsame Übertragungsprotokolle machten die Punkt-zu-Punkt-Übertragung in der Praxis problematisch, besonders bei steigender Anzahl der Kommunikationspartner. Dazu kommt, daß sich der Endanwender um die Auswahl und Realisierung der unterschiedlichen Parameter kümmern muß. Von „Plug and play-EDI" kann hier nicht die Rede sein.

5.2.2 Zwischengespeicherte Übertragung

Bei der zwischengespeicherten Übertragung werden die Daten an einen Dienstleister gesendet, der diese für den Empfänger zwischenspeichert. Der Empfänger holt sich die an ihn adressierten Datenpakete beim Dienstleister ab. Anders als bei der Punkt-zu-Punkt-Übertragung müssen die Kommunikationspartner nicht zeitgleich übertragungsbereit sein, denn es ist ein zeitversetzter Sende- und Empfangsbetrieb möglich. Aus dem Service der Zwischenspeicherung und evtl. Konvertierung der Daten entstehen zu den Übertragungskosten weitere Kosten.

Infolge der nur indirekten Verbindung der Kommunikationspartner ist die zwischengespeicherte Übertragung für Just-in-Time-Anwendungen nicht sinnvoll einsetzbar, ausgenommen es holen die Kommunikationspartner bspw. alle zwei Minuten ihre Datenpakete beim Dienstleister ab.

Die verschiedenen Formen der zwischengespeicherten Übertragung lassen sich an dem Mehrwert, den der Dienstleister bei der Zwischenspeicherung der Nachricht hinzufügt, unterscheiden.[1] Im folgenden werden die drei am häufigsten verwendeten Arten der zwischengespeicherten Übertragung dargestellt.

5.2.2.1 Datenübertragung über eine Mailbox

Der Austausch von Daten über eine Mailbox ist die einfachste Form der zwischengespeicherten Übertragung. Hierbei bewahrt der Dienstleister die eingehenden Nachrichten lediglich in sogenannten elektronischen Postfächern auf. Um die Informationen abzuholen stellen die Empfänger eine Verbindung zu der Mailbox her und holen die Informationen aus dem eigenen Postfach ab.

Der Dienst, den der Dienstleister in diesem Falle zur Verfügung stellt, beschränkt sich auf die „Lagerung" und Bereitstellung von Informationen.

5.2.2.2 Datenübertragung über ein Clearing Center

Auch in einem Clearing Center werden Daten bis zu ihrem Abruf zwischengespeichert.

Eine der Hauptaufgaben eines Clearing Centers besteht in der Konvertierung zwischen Inhouse Daten der einzelnen Kommunikationspartner und der verschiedenen Übertragungsstandards bzw. deren Subsets.

Bei einem brancheninternen Clearing Center spricht man auch von einem Branchen-Clearing. Hier können branchenspezifische Dienste wie eine Stammdatenbank oder die Konvertierung von Branchenstandards angeboten werden.[2]

---

[1] vgl. Deutsch M., Unternehmenserfolg mit EDI, 1. Aufl., Wiesbaden, 1994, S. 69
[2] vgl. ebenda, S. 70

5.2.2.3 Datenübertragung über VANS

Ein Value Added Network Service stellt die höchste Ausbaustufe eines Mehrwertdienstes dar. In dieser Art Mehrwertdienst sind die Funktionalität der Mailbox und die des Clearing Centers enthalten. Darüber hinaus werden technische Dienstleistungen wie Gateways zu anderen Datenübertragungsnetzen und anderen VANS angeboten. Die Dienste der VANS-Anbieter reichen von der Einführung eines EDI-Systems über die Schulung bis hin zur Pflege der Übertragungsstandards.[1] Für viele Unternehmen, besonders für kleinere Unternehmen, stellen die Serviceleistungen der VANS eine unverzichtbare Hilfestellung im Dickicht der Nachrichtenstandards, Protokollen und die in diesem Zusammenhang entstehenden Unverträglichkeiten dar.[2]

5.3 Zusammenfassung

Im Bereich der Datenübertragungsnetze und der Datenendeinrichtungen ist in der näheren Zukunft sicherlich mit weiteren Entwicklungen und Verbesserungen zu rechnen, dies ganz besonders in der mobilen Kommunikation. In der ortsgebundenen Kommunikation sind heute bereits alle Möglichkeiten gegeben, um weltweit Daten elektronisch auszutauschen. Die Problematik der eindeutigen Adressierung bspw. von Personen, die Mitglied in wechselnden Teamorganisationen sind, ist durch die X.400-, X.500-Empfehlungen lösbar geworden. Ähnlich verhält es sich mit den Datenaustauschnormen. Mit der EDIFACT-Norm und ihren zahlreichen Subsets existiert eine Norm, die in Verbindung mit der X.400- bzw. X.435-Empfehlung eine allgemein gültige Möglichkeit des Geschäftsdatenaustausches für alle Branchen bietet. Allerdings sind diese Normen nur für den inhaltsgetreuen und schnellen Datenaustausch ausgelegt und berücksichtigen nicht die Anforderungen der Endanwender und deren Anwendungen.

---

[1] vgl. Siewert M., EDI und Telekommunikation, in Informationsbroschüre der DEDIG e.V.,EDI und EDIFACT für Einsteiger, S. 31
[2] vgl. Schmoll T., Handelsverkehr, elektronisch, weltweit, 1. Aufl., München, 1994, S. 147

Jeder Bereich isoliert betrachtet stellt kein Problem dar, aber von einem „Plug and play-EDI" kann auch in näherer Zukunft noch nicht gesprochen werden. Hierfür sind hauptsächlich zwei Ursachen verantwortlich zu machen.

Eine Ursache ist sicherlich das Defizit im Bereich der Software. Es ist z.Zt. keine Software verfügbar, die ein „Plug and play-EDI" ermöglicht. Sicherlich ist eine Software, die alle möglichen Normen, Übertragungsstandards und Geschäftsvorfälle miteinander verbindet, für den Endanwender viel zu komplex.

Die Lösung kann in der Einrichtung von Branchen Service Centern liegen. Diese Center dienen als Vermittler zwischen den unterschiedlichen Normen und Standards der einzelnen Teilnehmer und deren Branchen. Darüber hinaus können solche Branchen Service Center auch als „Informationsdrehscheibe"[1] für die Verteilung von Stammdaten dienen.

Ein weiterer Hemmschuh für den flächendeckenden Einsatz von EDI ist der schlechte Informationsstand und die dadurch resultierende Unsicherheit der potentiellen EDI-Anwender.

Diese und weitere Problemfelder werden im folgenden Kapitel behandelt.

6.0 Der Status quo von EDI

In diesem Kapitel der Arbeit wird die gegenwärtige Verbreitung von EDI-Anwendungen in Deutschland und mögliche Ursachen für die geringe EDI-Nutzung aufgezeigt.

6.1 Die Verbreitung von EDI in Deutschland

Im internationalen Vergleich liegt Deutschland bei der Nutzung von EDI-Technologien abgeschlagen auf den hinteren Plätzen. Nach einer Erhebung der DEDIG e.V. von 1993 belegt Deutschland mit ca. 800 Anwendern den sechsten Platz.

Im Vergleich dazu nutzen in den USA und Großbritannien je etwa 10.000 Anwender EDI. Bei den Wachstumsraten belegt Deutschland den 13. Platz hinter Dänemark, Spanien und Irland.

---

[1] vgl. Fischer J., Vorlesungsskript zur Vorlesung : Betriebswirtschaftliche Anwendungssysteme, U-GH Paderborn, WS 94/95, S. 122

Auch wenn die absoluten Zahlen der EDI Anwender höher liegen, zeigt sich im internationalen Vergleich, daß deutsche Unternehmen „EDI Muffel" sind.

Vorreiter in der EDI-Anwendung war die Automobilindustrie und die Konsumgüterindustrie. In diesen Branchen einigte man sich schnell auf branchenweit gültige Übertragungsnormen, die bis heute noch Verwendung finden.

Besonders das sogenannte Rückgrat der deutschen Wirtschaft, der Mittelstand, läßt sich nur schwer zum Einsatz von EDI überzeugen. Ausgenommen die Betriebe, die von ihren Hauptgeschäftspartnern von dem Einsatz von EDI „überzeugt" werden. Hier ist allerdings zu beobachten, daß EDI meistens nur für Bestellungen und den Austausch von Rechnungen verwendet wird.

Die unternehmensübergreifende Kooperation in Form von Teams oder virtuellen Unternehmen, die mit Hilfe von EDI koordiniert werden, sucht man vergebens.

Es stellt sich nun die Frage nach den Gründen, warum eine Technik nicht genutzt wird, deren Nutzenpotential selbst in der kleinsten Ausbaustufe, für jeden ersichtlich ist.

6.2 Ursachen für die geringe EDI-Durchdringung

In diesem Abschnitt werden ausgesuchte Problemfelder vorgestellt, die maßgeblich für die schleppende Akzeptanz von EDI verantwortlich sind.

6.2.1 Probleme mit den EDI bedingten Organisationsumstellungen

Es ist unumstritten, daß mit der Einführung von EDI, in welcher Ausbaustufe auch immer, organisatorische Umstrukturierungen nicht zu vermeiden sind. Fachleute sprechen sogar von einer „80 zu 20 Verteilung". Dies bedeutet, daß eine EDI Einführung zu 20% ein technisches und zu 80% ein organisatorisches Problem ist.

Der substitutive EDI Einsatz führt lediglich zu innerbetrieblichen Automatisierungseffekten, die nicht zu großen organisatorischen Veränderungen führen.[1]

---

[1] vgl. Picot, Neuburger, Niggl, Tendenzen für Entwicklung und Auswirkungen von EDI, in Management & Computer, 1. Jg., 3/1993, S. 188

Durch die Automatisierung von Abläufen existieren einige einfache Bürotätigkeiten nicht mehr. Hier tritt für die Unternehmen dann das Problem auf, Mitarbeiter freisetzen zu müssen. Ein weiteres Problem stellen die höheren Anforderungen an die Qualifikation der Mitarbeiter durch die neuen Technologien dar. Diesen Anforderungen werden sicherlich einige Mitarbeiter auch durch Aus- und Weiterbildung nicht mehr gerecht werden können, was ebenfalls zu Freisetzungen führen wird.

Weitaus größere Probleme bereiten die organisatorischen Umstellungen, wenn sich ein Unternehmen zu einem innovativen Einsatz von EDI entschließt. Wird durch den innovativen Einsatz die Kooperation mit anderen Unternehmen neu gestaltet, führt dies zu umfangreichen Veränderungen der internen Organisation. Dies wird besonders deutlich bei der überbetrieblichen Teambildung.[1]

Einige typische Probleme werden im folgenden näher betrachtet. Indem EDI die direkte elektronische Kommunikation zwischen ausführenden Stellen verschiedener Unternehmen ermöglicht, ist die Übertragung von Verantwortung auf diese Stellen notwendig, um Ineffizienzen zu vermeiden. Diese dezentrale Informationsversorgung bedingt also eine Dezentralisierung der notwendigen Entscheidungskompetenzen.[2] Die lokale Delegation von Entscheidungskompetenzen an einzelne Teammitglieder führt bei bestehenden hierarchischen Strukturen zu Problemen, da diese oftmals nicht ohne weiteres mit den herkömmlichen, meist bewährten Abläufen vereinbar sind.[3] Die Widerstände gegen diese Veränderungen können sich so kosten- und zeitintensiv gestalten, daß im Extremfall die Reorganisation verhindert wird. Dies führt zu Ineffizienzen der EDI-Investitionen, was den Kritikern von EDI wiederum neue Argumente liefert.

Finden sich mehrere Mitarbeiter verschiedener Unternehmen zu einem Team zusammen, um ein Projekt gemeinsam zu bearbeiten, besteht indirekt eine Abhängigkeit der einzelnen Mitglieder untereinander.

---

[1] Detaillierte Ausführungen zu den Wirkungen von EDI auf die Organisation siehe unter 3.2
[2] vgl. Picot, Neuburger, Niggl, Tendenzen für Entwicklung und Auswirkungen von EDI, in Management & Computer, 1. Jg., 3/1993, S. 188
[3] vgl. Kilian, Picot, Neuburger, Electronic Data Interchange, 1. Aufl. Baden-Baden, 1993, S. 90

Bei zu starker Dominanz eines Unternehmens, vertreten durch ein Teammitglied, besteht für die übrigen Mitglieder die Gefahr des Verlustes der unternehmerischen Eigenständigkeit.[1] Wenn das dominante Unternehmen nun nicht mehr das Ziel des Teams im Auge hat, sondern nur noch die individuelle Nutzenmaximierung, besteht die Gefahr des „Shirkings": das Engagement des Partnerunternehmens wird bei der gemeinsamen Aufgabenbewältigung auf Kosten des eigenen Unternehmens zunehmend geringer.[2]

6.2.2 Unkenntnis in EDI-Rechtsfragen

Besonders bei kleinen und mittelständischen Unternehmen, die nicht wie bei größeren Unternehmen üblich, über eine eigene Rechtsabteilung verfügen, ist das Wissen schon bei allgemeinen Rechtsfragen schnell erschöpft.

Zu dem nur schwer quantifizierbaren Nutzen von EDI gesellt sich nun noch das Gefühl, mit der Einführung von EDI einen rechtsfreien Raum zu betreten, in dem das Gesetz des Stärkeren gilt.

Aber dem ist nicht so, auch wenn angesichts der schnellen technologischen Entwicklung die gesetzliche Entwicklung nicht folgen kann. Dies hat zur Folge, daß von einer einheitlichen Rechtsauffassung noch keine Rede sein kann. Allerdings führte diese Uneinigkeit in der Vergangenheit nicht zu einer Einschränkung für den Einsatz von EDI.

Es werden nun einige zentrale Rechtsbereiche kurz erläutert.

In einer Umfrage[3] gaben 38 von 64 EDI-Anwendern bzw. -Interessenten an, daß sie im Bereich des Vetragsrechtes mit rechtlichen Problemen rechnen. Dieses Beispiel veranschaulicht gut das mangelhafte Wissen über rechtliche Rahmenbedingungen der beteiligten Unternehmen. Denn gerade die Fragen des Vertragsrechts sind im Zusammenhang mit der Telekommunikation in der Literatur bereits behandelt worden.[4]

Die zentrale Frage, ob ein „elektronisch" geschlossener Vertrag überhaupt gültig ist, kann mit einem klaren Ja beantwortet werden. Nur wenige Verträge bzw. Willenserklärungen bedürfen der schriftlichen Form auf Papier. Diese Sonderfälle treten im täglichen Geschäftsverkehr von Herstellern, Händlern und Kunden sehr selten auf.

---

[1] vgl. Kilian, Picot, Neuburger, Electronic Data Interchange, 1. Aufl. Baden-Baden, 1993, S. 87
[2] vgl. ebenda, S. 88
[3] vgl. ebenda, S. 108
[4] vgl. ebenda, S. 108

Wenn durch Fehleingaben, technische Defekte oder fehlerhafte Mehrwertdienste Probleme auftreten, sind die auf dieser Basis geschlossenen Verträge mit Hilfe der Paragraphen §§ 119 f BGB anfechtbar.

Dagegen stellt die Haftung für Schäden, die durch EDI entstehen ein wirkliches Problem dar. Die noch am ehesten anwendbaren Paragraphen sind die zur Verschuldungshaftung (§§ 276 ff BGB). Hier wird dem Haftenden die Außerachtlassung der verkehrserforderlichen Sorgfalt vorgeworfen.

Das eigentliche Problem hierbei besteht darin, daß sich für den Umgang mit EDI noch kein Sorgfaltsmaßstab herausgebildet hat, der für die Bewertung der evtl. vorliegenden Fahrlässigkeit notwendig wäre.

Äußerst schwierig wird die Angelegenheit, wenn mehr als zwei EDI-Partner an der „verunglückten" Transaktion beteiligt sind.

Vorstellbar ist ein Team, welches seine Zusammenarbeit mit EDI koordiniert.

Ein Teammitglied bringt das gesamte Projekt durch einen Fehler zum Scheitern.

Wie sieht hier die Haftungsfrage aus? Haftet das Team gesamtschuldnerisch zu gleichen Teilen, anteilsmäßig oder haftet der „Übeltäter" allein?

Um nicht nur in der Haftungsfrage vor Überraschungen sicher zu sein, empfiehlt sich der Abschluß eines EDI-Vertrages. In diesem Vertrag sind neben der Beschreibung des zu verwendenden EDI-Standards, Verfahrensregelungen bei fehlerhaft gesendeten Dokumenten und Haftungsmodalitäten aufzunehmen.

Dieser Vertrag sollte als eine Erweiterung der allgemeinen Geschäftsbedingungen angesehen werden, der hilft, nachträgliche Verhandlungskosten einzusparen, wenn es zu ungeklärten Haftungsfragen kommt.[1]

Ein weiteres Problemfeld ist die Aufbewahrungspflicht der Handelsbücher. Entsprechend der gesetzlichen Fristen sind diese bis zu 10 Jahre aufzubewahren und in angemessener Zeit für Dritte wieder lesbar zu machen.

Hier gilt es zu beachten, daß nicht nur die „alten Daten" aufgehoben werden müssen, sondern auch die dazugehörige Software, mit der diese Daten gelesen werden können. Ebenso sind alle älteren Versionen von EDI-Standards bereitzuhalten. Hier ist besonders auf die ständige Weiterentwicklung der EDIFACT-Subsets hinzuweisen.

---

[1] vgl. Kilian, Picot, Neuburger, Electronic Data Interchange, 1. Aufl. Baden-Baden, 1993, S. 136

Abschließend kann der Annahme widersprochen werden, daß man sich mit der Einführung von EDI in einen rechtsfreien Raum begibt

Durch einen EDI-Vertrag können den z.Zt. noch bestehenden Unzulänglichkeiten der Gesetze entgegengetreten werden, um für den Fall der Fälle gerüstet zu sein.

6.2.3 Fehleinschätzung des Nutzens von EDI durch den potentiellen Anwender

In den populären Publikationen und Kongressen wurde und werden hauptsächlich die operativen Wirkungen von EDI in den Vordergrund gestellt. Sicherlich ist es für einen Systemberater sehr leicht, die Porto- und Papierkosten den EDI-Übertragungsgebühren gegenüberzustellen und so bereits auf seinem Messestand dem interessierten Unternehmen die eingesparten Kosten zu präsentieren.

Die strategische Bedeutung von EDI wird dann nur noch am Rande erwähnt. Dies auch nur insoweit, daß die fehlende EDI-Fähigkeit bspw. eines Zulieferers der Automobilindustrie zu einem „K.o.-Kriterium" werden kann.

Daher ist es nicht verwunderlich, daß kleine und mittelständische Unternehmen, die im allgemeinen keinen Zugang zu den aktuellen Ergebnissen der Forschung aus den Hochschulen haben, mit dem Begriff EDI nur die Automatisierung bzw. „Elektrifizierung" von Abläufen verbinden.

Dies führt bei diesen Unternehmen zu einer ablehnenden Haltung gegenüber einer EDI-Einführung, da diese oftmals wegen eines zu geringen Belegvolumens keine Nutzenvorteile aus einer substitutiven EDI-Anwendung gewinnen können.

Doch gerade für kleine, spezialisierte Unternehmen stellt der innovative Einsatz von EDI eine große Chance dar, sich unabhängig von ihrer Größe einzig und allein mit ihrem Know-how im Marktgeschehen zu behaupten.

Für Handwerksbetriebe bspw. stellt ein System wie die Handwerkerkopplung der VEBA-Wohnen eine gute Möglichkeit dar, die Transaktionskosten zu reduzieren und sich an Projekten, die branchenweit ausgeschrieben sind, zu beteiligen.

EDI ermöglicht es jedem Unternehmen innerhalb eines Teams oder virtuellen Unternehmens an Projekten mitzuarbeiten, von denen sie ohne EDI wahrscheinlich noch nicht einmal etwas erfahren hätten.

Es ist sicherlich sinnvoll mit dem substitutiven Einsatz von EDI zu beginnen.

Daher sollten die Fachleute das gesamte Nutzenpotential von EDI offen darlegen, damit interessierte Unternehmen erkennen können, daß die substitutive EDI-Nutzung den Einstieg zu EDI darstellt und in der Bildung von virtuellen Unternehmen z.Zt. seinen Höhepunkt findet.

6.2.4 Keine „Plug-and-play" EDI-Systeme

Einer der Hauptgründe für die schleppende EDI-Akzeptanz ist das Fehlen von „Plug-and-play" EDI-Systemen.

Sicherlich ist jedem Unternehmen klar, daß es für ein vollintegriertes EDI-System keine solche Lösung geben kann. Doch selbst für den Einstieg sind bei den meisten Systemen Kenntnisse in der Übertragungsnorm EDIFACT notwendig, um das System in Betrieb nehmen zu können. Die EDI-Systeme wie sie im Buchhandel, den Apotheken oder in der Phono-Branche verwendet werden, sind zwar einfach zu bedienen, doch beschränken sich diese Systeme auf spezielle Anwendungen in der jeweiligen Branche.

Für den Endanwender sind z.Zt. keine Systeme verfügbar, die bspw. auf der weitverbreiteten Benutzeroberfläche MS-Windows basieren und ein Werkzeug darstellen, mit dem EDI-Nachrichten mit beliebigen Inhalt versendet und empfangen werden können, ohne daß sich der Anwender um die Kommunikationstechnik oder die Übertragungsnormen Gedanken machen muß.

Ein weiteres Problem stellt die Anpassung der EDI-Normen an das Inhouse-Datenformat dar.

Bei kleinen Unternehmen, die meistens nur über eine geringe Anzahl PC-Arbeitsplätze mit Standardsoftware verfügen, ist dies relativ schnell und einfach mit einer Konvertierungssoftware zu beheben.

Größere Probleme treten allerdings bei Unternehmen mit einer umfangreichen DV-Infrastruktur auf.

Die Datenstrukturen dieser historisch gewachsenen DV-Anlagen sind häufig noch nicht einmal untereinander kompatibel, so daß selbst in der Inhousedatenübertragung Daten konvertiert werden müssen.

Diese sogenannten „DV-Altlasten" belasten eine EDI-Investition sehr stark, da die Kosten für die Erstellung solcher Konvertersoftware den Nutzenzuwachs durch EDI auf Jahre hinaus aufzehren würde.

Es besteht also gerade bei kleinen- und mittelständischen Unternehmen ein Bedarf an einer attraktiven, leicht zu bedienenden Software auf PC-Basis für den Einstieg in die EDI-Welt.

Im folgenden Kapitel wird das Konzept eines Branchen Service Centers vorgestellt.

7.0 Das Branchen Service Center (BSC)

Ausgangspunkt für die Einrichtung eines Branchen Service Centers, im weiteren Verlauf nur noch kurz BSC genannt, ist die Frage: Wie kann der EDI-Einstieg vereinfacht und dadurch die Akzeptanz von EDI gesteigert werden ?

Die Ideallösung wäre die Schaffung von voll integrierten „Plug-and-play" EDI-Systemen, die mit wenigen „Handgriffen" EDI ermöglichen.

Diese optimale Lösung ist aus mehreren Gründen heute und auch in näherer Zukunft nicht ökonomisch zu realisieren.

Als erstes sind hier die verschiedenen EDI-Standards zu nennen, die in den unterschiedlichen Branchen bereits mit Erfolg genutzt werden.

Ein weiteres Problem stellt die Anpassung der Datenaustauschformate an das Inhouse-Datenformat der einzelnen Unternehmen dar.

Schließlich tragen die unterschiedlichen Datenübertragungsnetze nicht zur Vereinfachung von EDI bei. Besonders das Ende des Netzmonopols der Telekom AG wird in Zukunft, zu den bisherigen Netzen noch weitere Datenübertragungsnetze von privaten Anbietern hervorbringen.

Diese Faktoren sind gerade für kleine und mittelständische Unternehmen mit branchenübergreifendem Geschäftsverkehr, die meistens nicht über eine eigene DV-Abteilung verfügen, nicht mehr zu überschauen.

Das Resultat ist eine abwartende Haltung dieser Unternehmen im Bezug auf eine EDI-Einführung. Diese Haltung wird erst dann zwangsweise aufgegeben, wenn der Hauptgeschäftspartner den elektronischen Datenaustausch zu einem sogenannten „K.o.-Kriterium" für die weiteren Geschäftsbeziehungen werden läßt.

Um die Fülle der Probleme und Interessen handhabbar zu machen, ist es sinnvoll, die Unterstützung der einzelnen Unternehmen auf eine Branche zu beschränken.
Eine mögliche Lösung dieser Probleme kann in der Einrichtung von Branchen Service Centern liegen.
In diesem Kapitel wird das Konzept eines solchen BSC vorgestellt.

7.1 Anforderungen an ein BSC

Um die abwartende Haltung, die für die „Start-up-Problematik" verantwortlich ist, zu beenden, ist es notwendig, daß sich einige wenige Unternehmen frühzeitig für die Nutzung von EDI entscheiden. Diese Entscheidung ist verbunden mit der Festlegung auf bestimmte EDI-Standards. Solch eine Vorreiterrolle führt zunächst lediglich zu geringen, unmittelbaren Zusatznutzen und birgt darüber hinaus die Gefahr von hohen Umstellungskosten, wenn sich die ausgewählten Standards in der Zukunft nicht durchsetzten sollten.
Um diesem Risiko aus dem Weg zu gehen, sollte diese Vorreiterrolle nicht von einigen Unternehmen im Alleingang, sondern mit Hilfe des jeweiligen Branchenverbandes in Absprache mit den Mitgliedern gemeinsam durchgeführt werden.
Dieses Vorgehen wäre möglich, wenn noch keinerlei EDI-Anwendungen vorhanden sind und alle beteiligten Unternehmen mit EDI neu beginnen wollen.
Die Realität sieht anders aus. Es bestehen bereits einige bilaterale Absprachen und EDI-Standards, die teilweise branchenübergreifend genutzt werden. Das bedeutet, daß der Aufbau eines neuen branchenweiten EDI-Abkommens, wenn dies überhaupt zustande kommen sollte, nicht von allen Unternehmen unterstützt wird und die beschriebene Problematik erneut eintritt.
Aus diesem Grund ist es notwendig, daß bestehende Absprachen, EDI-Standards und genutzte Datenübertragungsinfrastrukturen auch weiterhin genutzt werden können.

Sogenannte Clearing Center für die Umsetzung bspw. von verschiedenen EDIFACT-Subsets oder Konverterprogramme für die Anpassung an das Inhouse-Datenformat existieren bereits. Doch verlangen diese Systeme noch ein hohes Maß an Eigeninitiative und beschränken sich auf spezielle Anwendungsfelder. Darüber hinaus erleichtern diese Systeme den Neueinstieg in die EDI-Nutzung nicht wesentlich.

Gefordert ist also ein System, das die vorhandenen EDI-Standards unterstützt, für „Neueinsteiger" einen einfachen Zugang zu EDI ermöglicht und darüber hinaus für die bessere Ausnutzung der EDI-Potentiale noch einige Zusatzfunktionen bietet.

Auf diesen Anforderungen basiert das Konzept des BSC, welches in den nächsten Abschnitten näher erläutert wird.

7.2 Das Konzept des BSC

Unter einem BSC ist eine Art „Informationsdrehscheibe"[1] zu verstehen.

Das bedeutet, daß die Mitglieder eines BSC ihren elektronischen Datenaustausch nur noch über dieses System abwickeln.

Die an das BSC angeschlossenen Unternehmen bzw. deren Mitarbeiter bekommen eine Software für den Zugriff auf das BSC zur Verfügung gestellt. Mit dieser können sie dann in Verbindung mit einem öffentlichen Datenübertragungsnetz Daten jeglicher Art über das BSC an ihre Geschäftspartner übermitteln und von diesen empfangen. Sollte der Empfänger Mitglied in demselben BSC sein, werden die Daten für ihn in seinem persönlichen elektronischen Postfach bereitgehalten. Ist der Empfänger bspw. aus einer anderen Branche, werden die Daten von diesem BSC an das entsprechende BSC oder an einen anderen Serviceanbieter weitergeleitet.

Bis hier entspricht das BSC einem Standard Store-and-Foreward-System, von denen bereits einige in Deutschland betrieben werden.

Eine Besonderheit des BSC ist, daß die in das BSC eingehenden Daten in allgemein gültige Formate umgesetzt werden und erst dann an den Empfänger verschickt werden, ohne daß sich der Absender oder der Empfänger darum kümmern muß.

---

[1] vgl. Fischer J., Vorlesungsskript zur Vorlesung : Betriebswirtschaftliche Anwendungssysteme, U-GH Paderborn, WS 94/95, S. 122

Werden die Informationen innerhalb des BSC verschickt, können die Daten auf Wunsch direkt in das entsprechende Inhouse-Format des Empfängers konvertiert werden.

Für den elektronischen Datenaustausch benötigt der Nutzer eines BSC also nur noch die elektronische Adresse seines Geschäftspartners.

Die Versendung und evtl. Formatumwandlungen werden durch die in das BSC integrierten Konvertierungs- und Umsetzungsprogramme vorgenommen.

Eine weitere Besonderheit ist die Bereitstellung von Stammdaten, die von den an das BSC angeschlossenen Unternehmen zur Verfügung gestellt werden.

Jede Stammdatenänderung wird in dem BSC zentral gespeichert und den Nutzern bei der nächsten Kommunikation mit dem BSC automatisch übermittelt.

Ein Leistungsmerkmal, mit dem sich das BSC besonders von den übrigen Store-and-forward-Systemen abhebt, ist die Bereitstellung von branchenspezifischen Informationsforen. In diesen Foren können bspw. Hersteller über ihre neuen Produkte informieren, Handwerker Erfahrungen austauschen, branchenweite Ausschreibungen abgegeben werden, etc. Durch die Bildung von geschlossenen Benutzergruppen steht Unternehmen, die zusammen als Team an einem Projekt arbeiten, eine gemeinsame Kommunikationsplattform zur Verfügung.

Bis auf das Einpflegen der empfangenen Daten von dem BSC in die Inhouse-DV kann bei dem BSC-Konzept von einem „Plug-and-play"-EDI gesprochen werden.

Die Nutzungsgebühr setzt sich aus einer monatlichen Grundgebühr, einer vom Übertragungsvolumen abhängigen Gebühr und einer Gebühr für die genutzten Dienste zusammen.

Da das BSC durch den Branchenverband betrieben wird und daher nur kostendeckend arbeiten muß, ist es vorstellbar, daß die Gebühren bei steigender Teilnehmerzahl durchaus gesenkt werden können.

7.3 Die Architektur des BSC

In diesem Abschnitt wird die Architektur des BSC-Konzeptes in Anlehnung an ZACHMAN[1] mit Hilfe der Kommunikations-, Daten-, und Funktionssicht beschrieben. Die einzelnen Sichten werden zusätzlich noch in die Sachmittel-, Aufgaben- und Organisationsebene[2] unterteilt.

7.3.1 Die Kommunikationssicht

In der Kommunikationssicht wird die Art der Übertragung von Daten über räumliche Entfernung sowie die Organisation der Kommunikationsinfrastruktur betrachtet.

7.3.1.1 Die Sachmittelebene der Kommunikationssicht

Von der Hardware Seite ist das BSC über alle von der Telekom AG angebotenen Datenübertragungsnetze direkt erreichbar.

Darüber hinaus kann das BSC von jedem System Daten empfangen, das in der Lage ist, X.400 konforme Mitteilungen zu versenden.

---

[1] vgl. Zachman, A framework for information systems architecture, in IBM Systems Journal, 25. Jg., 3/1987 und hierzu im einzelnen Fischer J., Vorlesungsskript zur Vorlesung : Betriebswirtschaftliche Anwendungsysteme, U-GH Paderborn, WS 94/95, S. 46

[2] vgl. Fischer J., Vorlesungsskript zur Vorlesung : Betriebswirtschaftliche Anwendungsysteme, U-GH Paderborn, WS 94/95, S. 46

7.3.1.2 Die Aufgabenebene der Kommunikationssicht

In Abbildung 2 wird beispielhaft die Anbindung der Unternehmen an das BSC dargestellt.

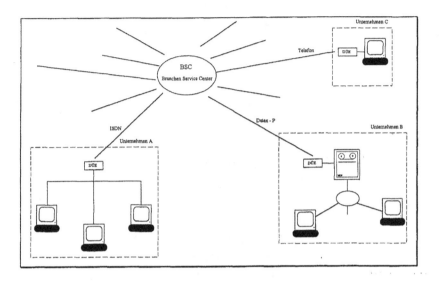

Abbildung 2: Kommunikationsarchitektur des BSC

Der Aufbau entspricht einer Client-Server Architektur. Aus der Kommunikationssicht
besteht die Hauptaufgabe des BSC in der Versendung und dem Empfang von Daten.
Über das BSC sind weltweit alle Kommunikationspartner zu erreichen, die über eine international standardisierte X.400-Adresse verfügen. Ist der Empfänger in dem selben
BSC Mitglied, so werden die Daten direkt in sein elektronisches Postfach für die spätere
Abholung bereitgestellt.
Die Kommunikationsfrequenz mit dem BSC ist abhängig von den Bedürfnissen der Benutzer und kann daher frei bestimmt werden. Wird das BSC für zeitkritische Anwendungen genutzt, ist die Tendenz zu einer Direktverbindung sicherlich größer als bei einer
einfachen E-Mail Anwendung.

7.3.1.3 Die Organisationsebene der Kommunikationssicht

Der Betreiber des BSC ist der jeweilige Branchenverband oder bspw. eine durch den Branchenverband für dies Aufgabe gegründete Arbeitsgemeinschaft.

Nach dem Stellen eines Antrages an den Branchenverband wird dem neuen Teilnehmer eine X.400-Adresse, ein elektronisches Postfach und die Zugangssoftware[1] zur Verfügung gestellt. So ausgerüstet ist das neue BSC-Mitglied in der Lage, das gesamte Serviceangebot des BSC zu nutzen.

Darüber hinaus gibt es noch die Möglichkeit eines eingeschränkten Zugangs. Bei dieser Nutzungsart besteht nur der Zugang zu den branchenspezifischen Informationsforen. Für diese Nutzung stellt das BSC eine einfache Benutzeroberfläche zur Verfügung, die mit einer Standard-DFÜ-Software problemlos bedient werden kann. Auf Wunsch können die einzelnen Beiträge aus den Informationsforen auch automatisch im X.400-Format verschickt werden.

Der Kommunikationsablauf gestaltet sich so, daß die Zugangssoftware je nach Einstellung die Verbindung entweder automatisch nach einem bestimmten Zeitschema aufbaut oder der Benutzer die Verbindung manuell zu dem BSC herstellt.

Nachdem der Benutzer seine Daten an das BSC übertragen hat, erhält er vom BSC die für ihn bereitgestellten Daten und die neuesten Beiträge aus den Informationsforen. Nachdem alle Daten ausgetauscht wurden wird die Verbindung wieder gelöst.

7.3.2 Die Datensicht

Aus der Datensicht werden die Daten betrachtet, die mit Hilfe des BSC nach einer eventuellen Aufbereitung dem Empfänger bereitgestellt werden.

7.3.2.1 Die Sachmittelebene der Datensicht

Für das BSC kann ein beliebiges Datenbanksystem eingesetzt werden. Hauptanforderungen an das System sind ein hierarchisches Datenmodell und die Möglichkeit, ein hohes Datenvolumen verwalten zu können.

---

[1] Beschreibung des Prototyps der Zugangssoftware in Kapitel 8 und im Band II dieser Arbeit

7.3.2.2 Die Aufgabenebene der Datensicht

Aus der Datensicht ist die Hauptaufgabe eines BSC die Bereitstellung von Daten, sortiert nach den entsprechenden Empfängern. Abbildung 3 zeigt das vereinfacht dargestellte hierarchische Datenmodell des BSC:

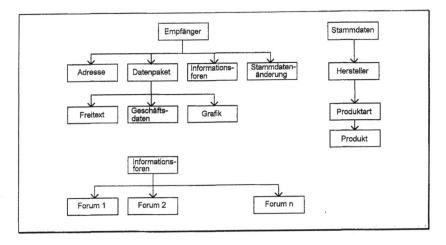

Abbildung 3: Hierarchisches Datenmodell des BSC

Wie aus Abbildung 3 zu erkennen ist, stellt das BSC neben den persönlichen Datenpaketen für alle BSC-Mitglieder auch Daten aus den Informationsforen, Stammdaten und deren Änderungen zur Verfügung.

Eine Datenbank für die Verwaltung der BSC-Mitglieder speichert zusätzlich u.a. die Adresse, verarbeitbare EDI-Normen, das Inhouse-Datenformat, abonnierte Informationsforen und die Nutzungszeiten des BSC für die monatliche Abrechnung.

7.3.2.3 Organisatorische Ebene der Datensicht

Da die Daten, die das BSC zur Verfügung stellt ausnahmslos von den BSC-Mitgliedern selbst eingepflegt werden, kann die Datenbankadministration bis auf wenige Bereiche automatisiert werden.

Die Datenpakete werden entweder direkt in die elektronischen Postfächer eingestellt oder anhand der X.400-Adresse weitergeleitet.

In den Informationsforen können mit automatisch wiederkehrenden Backups ältere Nachrichten gesichert werden, um so ohne manuelle Eingriffe die Informationsforen auf dem aktuellen Stand zu halten. Manuell gepflegt werden müssen hingegen die Daten, die in Verbindung mit den Anmeldungen, den Abmeldungen und den Änderungen der verarbeitbaren Datenformate stehen.

7.3.3 Die Funktionssicht

Die Funktionssicht beschreibt den Leistungsumfang des BSC und die Organisation der Sachmittel, die für die Leistungserstellung notwendig ist.

7.3.3.1 Die Sachmittelebene der Funktionssicht

Um eine ausreichende Verarbeitungsgeschwindigkeit auch bei hoher Auslastung des BSC zu erreichen, sind die Funktionen der Formatumsetzung, der Datenspeicherung und der Datenfernübertragung auf einzelne Rechner zu verteilen.

Die zu verwendende Software muß auf diese Client-Server-Architektur des BSC zugeschnitten sein.

Keine besonderen Anforderungen werden an die Benutzeroberfläche gestellt, da keine direkte Bedienung des BSC durch den Anwender stattfindet und die Datenpaketübertragung durch die dem Anwender zur Verfügung gestellten Zugangssoftware abgewickelt wird.

7.3.3.2 Die Aufgabenebene der Funktionssicht

Das BSC vereinigt die Funktionalität eines Clearing Centers, eines Konverters und einer elektronischen Mailbox in einem System vergleichbar mit der Funktionalität eines VANS mit dem Unterschied, daß die Serviceleistungen auf die Mitglieder innerhalb einer Branche abgestimmt sind.

Nach der Übertragung der Datenpakete an das BSC wird mit der Bearbeitung der einzelnen Teile des Datenpakets begonnen.

Beiträge für die Informationsforen werden nach der Konvertierung in die ODA-Norm, den betreffenden Foren zugeordnet. Den Teilnehmern, die die Informationsforen per E-Mail abonniert haben, werden die neuen Beiträge direkt als X.400-Nachricht zugestellt.

Stammdatenänderungen werden direkt in die zentrale Stammdatenbank eingepflegt. Zusätzlich werden jedem BSC-Mitglied die Änderungen in sein elektronisches Postfach eingestellt.

Bei die Bearbeitung des Inhalts eines Datenpakets, das direkt an einen Empfänger adressiert wurde, sind zwei Fälle zu unterscheiden.

Wenn der Empfänger nicht in demselben BSC Mitglied ist wie der Absender, wird der Inhalt des Freitextabschnittes in das ODA-Format umgewandelt und die Geschäftsdaten wie Bestellungen, Rechnungen, Lieferavis etc. in die allgemein gültige EDIFACT-Norm konvertiert. Die im Datenpaket enthaltenen Bilder oder Zeichnungen werden ohne weitere Konvertierung übertragen, da die im Bereich der Bildverarbeitung möglichen Formate von nahezu jeder Software weiterverarbeitet werden können.

Nach diesen Konvertierungen werden die einzelnen Bestandteile des Datenpakets in die Struktur einer X.400-Nachricht gebracht und an den Empfänger verschickt.

Im zweiten Fall sind Absender und Empfänger Mitglied in demselben BSC.

In der Datenbank für die Mitgliederverwaltung sind Informationen über die Datenformate, die jedes einzelne Mitglied verarbeiten kann, abgelegt.

So wird der Freitext nicht in die ODA-Norm umgewandelt, sondern in das Format, welches der Empfänger direkt verarbeiten kann.

Die Geschäftsdaten werden in das jeweilige Inhouse-Datenformat konvertiert, damit diese Daten direkt in die Inhouse-DV des Empfängers übernommen werden können. Die Beiträge aus den Informationsforen werden ebenso wie die Stammdatenänderungen dem Inhouse-Datenformat angepaßt.

Nach diesem Verfahren werden auch die Nachrichten bearbeitet, die aus anderen Systemen in das BSC übertragen wurden.

Im ersten Moment sieht es so aus, als müßte durch das BSC eine sehr große Anzahl von verschiedenen Datenformaten unterstützt werden. Sicherlich ist es nicht möglich, jedes Datenformat einer noch so kleinen DV-Branchenlösung zu unterstützen, doch wird die Anzahl der gebräuchlichen Anwendungssysteme gerade innerhalb einer Branche überschaubar bleiben.

Neben der Verteilung und Konvertierung von Daten ist die Bereitstellung von branchenspezifischen Informationsforen eine weitere Hauptfunktion des BSC.

Informationsforen sind mit „schwarzen Brettern" vergleichbar, wie sie auch der Informationsdienst CompuServe anbietet.

Diese Informationsforen bilden die Kommunikationsplattform innerhalb einer Branche und können vielfältig verwendet werden.

Durch das Einrichten von Zugangsbeschränkungen zu einzelnen Informationsforen besteht die Möglichkeit der Bildung von geschlossenen Benutzergruppen.

Mit Hilfe dieser geschlossenen Benutzergruppen können Projektteams die für die Durchführung eines Projektes notwendigen Informationen austauschen. Diese Informationen können Termine, Zeichnungen, auftretende Probleme etc. sein. Durch die zentrale Informationsverteilung spielen die geographischen Entfernungen der einzelnen Teammitglieder nur noch eine untergeordnete Rolle.

Nach dem Stellen eines Antrages wird eine geschlossene Benutzergruppe durch den BSC-Betreiber eingerichtet.

Dieser Antrag, der u.a. die Liste der zugriffsberechtigten Unternehmen enthält, kann von dem Projektleiter auf elektronischem Weg gestellt werden. Innerhalb von 24 Stunden wird das Informationsforum eingerichtet und kann von den autorisierten Personen benutzt werden.

7.3.3.3 Die Organisationsebene der Funktionssicht

Das BSC wird zentral an einem durch den Branchenverband festzulegenden Ort in Form eines Rechenzentrums betrieben.

Für die Nutzung des BSC ist von jedem Teilnehmer ein Antrag zu stellen.

Der Nutzungsvertrag enthält neben der Gebührenstruktur und den Nutzungsbedingungen auch einen EDI-Vertrag. Dieser EDI-Vertrag regelt die Wirksamkeit der elektronisch geschlossenen Verträgen, eventuelle Haftungsfragen etc., wenn es durch Fehlfunktionen des BSC zu Problemen im Geschäftsablauf kommt.

Jeder eingetragene Benutzer erhält eine weltweit erreichbare X.400-Adresse und bekommt ein elektronisches Postfach zugeteilt. Um am Anfang nicht die gesamten Stammdaten über das Kommunikationsnetz übertragen zu müssen, bekommt jedes neue Mitglied eine CD-ROM mit den aktuellen Stammdaten. Diese CD dient für die Initialfüllung der Inhouse-DV mit den Stammdaten. Jede Änderung wird dann über das BSC elektronisch übertragen.

Für den komfortablen Zugriff auf das BSC wird vom Branchenverband eine Zugriffssoftware[1] zur Verfügung gestellt.
Der Zugriff ist auch mit jeder anderen Software möglich, die X.400 konforme Meldungen senden und empfangen kann, doch stellt die speziell auf die Leistungen des BSC abgestimmte Zugangssoftware eine noch einfachere Bedienung zur Verfügung.

Neben der vollen Nutzung des BSC besteht noch die Möglichkeit der eingeschränkten Nutzung. Bei dieser Nutzungsart wird nur der Zugriff auf die verschiedenen Informationsforen gewährt.
Der Zugriff kann einmal online über eine Standard-DFÜ-Software geschehen oder indirekt, indem die Beiträge aus den einzelnen Informationsforen per E-Mail an den Abonnenten versendet werden.
Durch diese Art des Zugangs haben auch die Unternehmen die Möglichkeit an den geschlossenen Benutzergruppen teilzunehmen, die nicht Mitglied in diesem BSC sind. Dies spielt besonders bei branchenübergreifenden Kooperationen eine Rolle.

Der Zugriff auf das BSC erfolgt je nach Einstellung der Zugangssoftware manuell oder automatisch nach zuvor eingestellten Zeitintervallen.

---

[1] Beschreibung des Prototyps der Zugangssoftware in Kapitel 8 und im Band II dieser Arbeit

Die Nutzungsgebühr für das BSC wird monatlich erhoben und setzt sich aus folgenden Gebühren zusammen:

- einer Grundgebühr, in der die X.400-Adresse, das elektronische Postfach und eine Auswahl an Informationsforen enthalten sind
- eine Gebühr für jedes weitere abonnierte Informationsforum
- eine Gebühr für die Anzahl der genutzten Konverterprogramme
- eine Gebühr, die abhängig von dem übertragenen Datenvolumen ist

Für die eingeschränkte Nutzung fallen natürlich auch nur die Gebühren für die abonnierten Informationsforen an.

Um eine gleichmäßige Auslastung des BSC über den ganzen Tag zu erreichen, ist eine entsprechende Gebührenreduktion in den Abend- und Nachtstunden selbstverständlich.

7.4 Positive Effekte des BSC-Konzeptes auf den praktischen EDI-Einsatz

Alternative EDI-Kommunikationsarten[1] dem BSC-Konzept direkt gegenüberzustellen wäre wenig sinnvoll, da das Konzept des BSC aus den Nachteilen dieser Kommunikationsarten entwickelt wurde.

Daher werden in den nächsten Abschnitten die größten Vorteile des BSC-Konzeptes vorgestellt.

7.4.1 Erleichterung des EDI-Einstiegs

Das Start-up-Problem, welches durch die unvollkommene Information über die Handlungsabsichten der Unternehmen untereinander hervorgerufen wird, kann mit der Gründung einer EDI-Arbeitsgemeinschaft durch den Branchenverband gelöst werden.

Die Aufgabe dieser Arbeitsgemeinschaft ist die Sammlung der EDI-Präferenzen der einzelnen Branchenmitglieder. Mit diesen Informationen ist es nun möglich, das Start-up-Problem durch die Einrichtung eines BSC zu lösen.

---

[1] für nähere Erläuterungen der EDI-Kommunikationsarten siehe Abschnit 5.2

Das Risiko, durch die frühe Festlegung auf einen bestimmten EDI-Standard in der Zukunft doch noch auf einen anderen Standard umsteigen zu müssen, ist durch die Einrichtung eines BSC beseitigt. Dies resultiert zum einen aus der Bekanntgabe der EDI-Präferenzen innerhalb der Branche durch den Branchenverband, zum anderen aus der offenen Systemgestaltung des BSC, durch die nahezu jeder EDI-Standard unterstützt werden kann. Ein großer Schritt in Richtung „Plug and play"-EDI wird dadurch vollzogen, daß der Branchenverband direkt mit der Aufnahme des neuen BSC-Benutzers eine Software für die Nutzung des BSC zur Verfügung stellt, so daß der Antragsteller wenige Tage nach der Antragstellung Nachrichten elektronisch senden und empfangen kann.

7.4.2 Kostenvorteile

Direkte Kostenvorteile ergeben sich für die BSC-Mitglieder daraus, daß nun nicht jedes Unternehmen eine eigene Konverter-Software oder Clearing-Software erwerben und betreiben muß.

Diese Software muß nun nur noch einmal beschafft werden und wird darüber hinaus im BSC auch wesentlich effektiver eingesetzt. Wird diese Software als Produktionsmittel betrachtet, dann wird dieses Produktionsmittel in einem BSC wesentlich effektiver eingesetzt als dies in einem einzelnen Unternehmen möglich wäre.

Sollte sich im Laufe der Zeit ein EDI-Standard ändern oder bspw. ein neuer EDIFACT-Subset zugelassen werden, so ist diese Neuerung ebenfalls nur einmal im BSC einzupflegen.

Ein weiterer Faktor, der sich sehr positiv auf die Höhe der Nutzungsgebühren für das BSC auswirkt, ist die Tatsache, daß der Branchenverband nur kostendeckend wirtschaften muß, im Gegensatz zu privaten Anbietern von Clearing-Centern, Konverter- und Mailboxsystemen.

Daraus folgt, daß mit steigender Mitgliederzahl in einem BSC die Kosten für den einzelnen BSC-Nutzer verringert bzw. auf einem konstant niedrigen Niveau gehalten werden können.

7.4.3 Unterstützung der Koordination von Projektteams

Mit der Einrichtung von geschlossenen Benutzergruppen in Form von zugangsbe-
schränkten Informationsforen besteht die Möglichkeit, die für die Koordination von Projektteams notwendige Kommunikationsplattform zu schaffen. Diese Möglichkeit stellt
allerdings noch nicht den entscheidenden Vorteil gegenüber anderen Informationsdien-
sten dar.

Der Vorteil der geschlossenen Benutzergruppen innerhalb eines BSC besteht darin, daß
die Informationen aus den Foren bei jedem Kontakt mit dem BSC gemeinsam mit den
Bestellungen, Rechnungen etc. quasi automatisch ausgetauscht werden, ohne daß ein
neues System angewählt werden muß oder eine neue Software notwendig ist.

7.4.4 Zusammenfassung

Sicherlich sind die reduzierten Kosten für die EDI-Nutzung, hervorgerufen durch die
gemeinsame Nutzung der EDI-Infrastruktur, ein wichtiges Argument für die Errichtung
von BSC.

Doch gerade für kleine und mittelständische Unternehmen spielt die Versorgung mit
EDI-Dienstleistungen durch eine neutrale Institution eine fast noch größere Rolle. Indem
das BSC von dem Branchenverband betrieben wird, entsteht nicht der Eindruck eines
Abhängigkeitsverhältnisses von einem einzigen Serviceanbieter. Die BSC-Mitglieder
sehen in dem Branchenverband eher einen Kooperationspartner, mit der Gewißheit, bei
Problemen einen kompetenten Ansprechpartner zu haben, für den die Lösung der Probleme und nicht die Erzielung von Gewinnen im Vordergrund steht.

Die Branchenverbände, die eine Vorreiterrolle durch die frühzeitige Einrichtung von
BSC einnehmen, können die abwartende Haltung innerhalb anderer Branchen beseitigen
und als Keimzellen für den landesweiten Durchbruch von EDI betrachtet werden.

7.5 Kritikpunkte am BSC-Konzept

Besonders während der Anfangsphase, in der nur wenige Branchen ein BSC eingerichtet haben, stellt sich für Unternehmen, die branchenübergreifend Dienstleistungen und Produkte anbieten, die Frage, in welchem BSC sie Mitglied werden sollen. Aufgrund der offenen Architektur spielt dies prinzipiell keine Rolle, doch um auch in der Anfangsphase direkt den vollen Service eines BSC nutzen zu können, sollte die Wahl auf das BSC fallen, in dem bereits die meisten Geschäftspartner Mitglied sind.

Durch die Store-and-forward-Architektur des BSC kann es bei Just-in-Time-Anwendungen zu Problemen kommen.

Wenn Kommunikationspartner sich im Vorfeld nicht auf eine zeitliche Regelung einigen, nach der sie die Verbindungen zum BSC aufbauen, um Daten auszutauschen, kann es bei ungünstigen Intervallüberschneidungen bis zu mehrere Stunden dauern, bis die versendeten Nachrichten dem Empfänger vorliegen. Diese Time-lag-Problematik verschärft sich noch bei Lieferfähigkeitsanfragen an einen Großhändler oder Hersteller.

Dieses Problem läßt sich durch die erwähnten Absprachen zwischen den Geschäftspartnern oder durch Bekanntmachen der BSC-Zugriffszeiten, vergleichbar mit den Öffnungszeiten von Ladenlokalen lösen. Eine andere Lösung, allerdings mit höheren Kosten verbunden, ist die Einrichtung einer Direktverbindung zum BSC, um eingehende Datenpakete direkt in Empfang nehmen zu können.

7.6 Zukunftspotentiale des BSC

Nach der landesweiten Einführung von BSC und einer direkten Verbindung der einzelnen BSC untereinander, verschwimmen die einzelnen Branchengrenzen. Diese Verbindung aller BSC untereinander hat zur Folge, daß von jedem Punkt dieses „BSC-Netzes" auf die Informationsforen und die Stammdaten jedes einzelnen BSC zugegriffen werden kann, ohne eine direkte Verbindung zu dem gewünschten BSC aufbauen zu müssen. Besonders der direkte Zugriff auf die geschlossenen Benutzergruppen erleichtert noch einmal die branchenübergreifende Kooperation.

Sollten in Zukunft durch den verstärkten Wettbewerb im Bereich der Datenübertragungsnetze die Kosten für diese Netze fallen, sind auch Just-in-Time-Anwendungen und Lieferbarkeitsanfragen über das BSC kein Problem mehr.

Dies bietet gerade für kleinere Unternehmen, die aufgrund ihrer beschränkten Lagerfläche nur eine begrenzte Sortimentsbreite führen, die Möglichkeit, zu virtuellen Komplettsortimentern zu werden.[1]

Durch die immer weiter steigenden Übertragungskapazitäten der Datenübertragungsnetze ist vorstellbar, daß in näherer Zukunft Videokonferenzen möglich sind und Vertragsverhandlungen oder Konferenzen über ein BSC abgewickelt werden.

8.0 Der Prototyp „EdiPhone"

Der Prototyp „EdiPhone" ist nach der Art des „explorativen Prototypings" erstellt worden.

Das Ziel des Prototyps ist zum einen die Veranschaulichung des BSC-Konzeptes, zum anderen zeigt der Prototyp wie einfach der elektronische Datenaustausch gestaltet werden muß, damit die bisherigen Akzeptanzprobleme beseitigt werden.

Der Schwerpunkt des Prototyps liegt auf der Erstellung und dem Austausch von sogenannten Datenpaketen, die wie folgt aufgebaut sind:

1.	Adressierung
2.	Freitext
3.	Geschäftsdaten
4.	Grafiken/Bilder
5.	Stammdatenänderungen

Die Funktionalität, die das BSC in Form von Datenverteilung und -konvertierung zur Verfügung stellt, wird im vollen Umfang vom Prototyp simuliert.

Aus diesem Grund ist der Prototyp als ablauffähiges Modell zu betrachten und in die Kategorie der „Throw-away"-Prototypen einzuordnen.

---

[1] vgl. Fischer J., Unternehmensübergreifende DV-Integration in Industrie und Handel, in Workgroup computing : computergestützte Teamarbeit (CSWC) in der Praxis, neue Entwicklung und Trends, Hrsg.: Nastansky L., 1. Aufl., Hamburg, 1993, S. 27

Die Funktionalität und die Bedienung des Prototyps wird in Band II dieser Arbeit erläutert.

9.0 Ausblick

Im Bereich der EDI-Infrastruktur ist es besonders die mobile Datenübertragung, die in näherer Zukunft neue Möglichkeiten eröffnen wird. Durch den weiteren Ausbau der bereits vorhandenen digitalen Mobilfunknetze und das sinkende Preisniveau der Nutzungsgebühren wird die mobile Datenkommunikation weiter an Bedeutung gewinnen.

Besonders in Verbindung mit den immer leistungsfähigeren mobilen Computersystemen steht ein „mobiles Büro" dem Büro in einem festen Gebäude in der Leistungsfähigkeit in nichts mehr nach.

Diese neuen Technologien ermöglichen bspw. einem Handwerksmeister auf allen Baustellen in vollem Umfang präsent zu sein.

Um die letzten Rechtsunsicherheiten auszuräumen und den Abschluß von speziellen EDI-Verträgen überflüssig zu machen, ist es sinnvoll, wenn der Gesetzgeber in naher Zukunft eine Art EDI-Gesetz, vergleichbar mit dem weltweit ersten EDI-Gesetz in Südkorea[1], erläßt. Solch ein Gesetz regelt die Gültigkeit elektronischer Dokumente, den Beweiswert elektronisch erzeugter und gespeicherter Dokumente sowie die Haftungsfragen bei technischem Versagen und bei Manipulation von Nachrichten.

Die Verabschiedung eines solchen Gesetzes klärt nicht nur offene Rechtsfragen, sondern hilft, durch die neu geschaffene Rechtssicherheit ein weiteres Hindernis auf dem Weg zur allgemeinen Akzeptanz von EDI zu beseitigen.

Um die EDI-Durchdringung, die trotz der Förderung von EDI-Projekte durch die EG nicht sehr hoch ist, doch noch erheblich steigern zu können sind, neue Konzepte für die EDI-Einführung notwendig.

---

[1] vgl. Neuenschwander P., Die internationale Entwicklung bei der Behandlung von EDI-Rechtsfragen, in io Management Zeitschrift, 63. Jg., 6/1994, S. 81

Wie die Vergangenheit gezeigt hat, scheiterten die großen „Big-Bang"-EDI-Lösungen daran, daß die bereits vorhandenen DV-Systeme und Kommunikationsinfrastrukturen nicht ausreichend berücksichtigt wurden.

Die Basis des Erfolges eines EDI-Konzeptes liegt darin, daß das Gesamtkonzept in kleinen, überschaubaren Teilschritten realisiert werden kann, ohne daß sofort eine größere Reorganisation des gesamten Unternehmens notwendig wird. Konkret heißt dies, daß die Unternehmen den Fortgang der EDI-Einführung von dem einfachen E-Mail Anschluß bis hin zum vollintegrierten EDI-System selbst bestimmen können.

Darüber hinaus ist es wichtig, daß die Unternehmen die schrittweise EDI-Einführung nicht als „Einzelkämpfer" vollziehen müssen.

Hierfür bietet sich das in dieser Arbeit vorgestellte BSC-Konzept an. Mit der Nutzung einer einfachen Zugangssoftware für den Zugriff auf das BSC ist der erste Schritt einer EDI-Einführung bereits getan. Die weitere Integration der empfangenen Daten in die Inhouse-DV liegt dann im Ermessen der einzelnen Unternehmen.

Die Einrichtung mehrerer solcher EDI-Gemeinschaften, nach dem Konzept des BSC können die Keimzellen für die endgültige EDI-Durchdringung sein.

Literaturverzeichnis:

Appelt, Wolfgang: Dokumentenaustausch in Offenen Systemen, Einführung in die ISO-Norm 8613: Office Document Architecture (ODA) and Interchange Format, 1. Auflage, Berlin 1990

Babatz, Robert/ Bogen, Manfred/ Pankoke-Babatz, Uta: Elektronische Kommunikation, X.400 MHS, 1. Auflage, Braunschweig 1990
Bernartz, Wolfgang: Auswirkungen auf die Bürokommunikation durch X.400 und X.500, Vortrag auf dem Internationalen Congress für Bürokommunikation und Informationsmanagement, OFFICES '93, vom 23.09.-24.09.1993, Kongressband S. E2.01-E2.15
Bhattacharjee, Edda: Daten-Gigant, Über den Informationsdienst und Computer Club CompuServe, in cogito, 10. Jg., 5/1994, S. 24-26
Bleicher, Knut: Organisation, 2. Auflage, Wiesbaden 1991
Bracher, Sam/ Kusio, Daniel/ Portner, Rico: Überlegungen zur Integration von neuen EDI-Partnern, in io Management Zeitschrift, 63. Jg., 6/1994, S. 83-87
Bühner, Rolf: Betriebswirtschaftliche Organisationslehre, 4. Auflage, München 1989

Deutsch, Markus/ Georg, Thorsten: VAN, Alternative zur Übertragung von EDIFACT-Nachrichten, in LanLine, 4. Jg., 12/1993, S. 120-125
Deutsch, Markus: EDI-neue Perspektiven für den Mittelstand, in x-change, 1. Jg., 2/1994, S. 10-12
Deutsch, Markus: Unternehmenserfolg mit EDI: Strategie und Realisierung des elektronischen Datenaustausches, 1. Auflage, Wiesbaden 1994

Fayol, Henri: Administration industrielle et générale, 1. Auflage, Paris 1916
Fey, Jürgen/ Kunze, Michael: Schwimmen im Infopool, Auf dem Weg zur globalen Informationsgesellschaft, in c't-magazin für computertechnik, 12. Jg., 4/1995, S. 168-172
Fischer Joachim: Unternehmensübergreifende Datenmodellierung-der nächste folgerichtige Schritt der zwischenbetrieblichen Datenverarbeitung !, in Wirtschaftsinformatik, 35. Jg., 3/1993, S. 241-254
Fischer, Joachim: Unternehmensübergreifende DV-Integration in Industrie und Handel, in Workgroup computing : computergestützte Teamarbeit (CSWC) in der Praxis, neue Entwicklung und Trends, Hrsg.: Nastansky L., 1. Auflage, Hamburg 1993, (BWL aktuell Bd.12) S. 25-35
Fischer, Joachim: EDI als strategisches Instrument im europäischen Binnenmarkt, Vortrag auf dem Internationalen Congress für Bürokommunikation und Informationsmanagement, OFFICES '93, vom 23.09.-24.09.1993, Kongressband S. E1.02-E1.12
Fischer, Joachim: Teamwork mit EDI, in Business Computing, 1. Jg, 11/93, S. 96-100
Fischer, Joachim/ Möcklinghoff, Michael: Computerunterstützung kooperativen Arbeitens im Forschungs- und Entwicklungsbereich, in Information Management, 6. Jg., 1/94, S. 46-52
Fischer, Joachim: Vorlesungsskript zur Vorlesung : Betriebswirtschaftliche Anwendungssysteme, Universität-Gesamthochschule Paderborn, WS 94/95,
Fischer, Thomas/ Seth, Carsten: Abgestaubt, Multimedia-Oberfläche Kit für Btx, in c't-magazin für computertechnik, 12. Jg., 4/1995, S. 100-102

Frank, Ulrich: Anwendungsnahe Standards der Datenverarbeitung: Anforderungen und Potentiale, in Wirtschaftsinformatik, 33. Jg., 4/1991, S. 100-111

Gebauer, Judith: EDI und die Umgestaltung von Geschäftsprozessen, in x-change, 1. Jg., 4/1994, S. 34-39

Gehrke Michael: Analyse der internationalen Normen X.400 und X.500 im Hinblick auf eine reale Anwendung, 1. Auflage, Berlin 1989

Georg, Thorsten/ Deutsch, Markus: EDI status quo, in LanLine, 4. Jg., 10/93, S. 106-109

Georg, Thorsten: Implementierung der EDIFACT-Norm, Geplantes Vorgehen, in iX, 4. Jg., 10/1993, S. 124-131

Georg, Thorsten: EDI in mittelständischen Unternehmen, in x-change, 1. Jg., 2/1994, S. 14-15

Georg, Thorsten: EDI-Implementierung, in Office Management, 42. Jg., 6/1994, S. 50-63

Göbel, Friedhelm: Datenfernverarbeitung-professionell, Technische und wirtschaftliche Aspekte für Einrichtung und Betrieb der Datenfernverarbeitung sowie der Netzwerke, 1. Auflage, München 1987

Greif, Siegfried: Computer-unterstützte Gruppenarbeit (CUG), Viel Lärm um nichts ?, in Office Management, 39. Jg., 6/1991, S. 20-25

Häßler, Ulrike: EDIFACT, DV-Gesteuerter Austausch von Geschäftsunterlagen nach internationalen Normen, in Datacom, 5. Jg., 10/1989, S. 98-101

Hanker, Jens: Die strategische Bedeutung der Informatik für Organisationen: Industrieökonomische Grundlagen des strategischen Informatikmanagements, 1. Auflage, Stuttgart 1990

Hansen, Robert: Wirtschaftsinformatik I, 6. Auflage, Stuttgart 1992

Harter, G.: VANS und die anderen „Vs" in VANS 91, Hrsg. EWI Gesellschaft für Europäische Wirtschaftsunion mbH, Starnberg 1991

Heinrich, Lutz J./ Burgholzer, Peter: Systemplanung I, 3. Auflage, München 1987

Jonas, Christoph: Datenfernübertragung mit Personal Computern, 1. Auflage, Würzburg 1992

Katzan, Harry Jr.: Systems Design and Documentation, 1. Auflage, New York 1976

Katzenbach, Jon R./ Smith, Douglas K.: Teams: der Schlüssel zur Hochleistungsorganisation, (The wisdom of teams, Englisch), übersetzt von Annemarie Pumpernig und Stefan Gebauer, 1. Auflage, Wien 1993

Kauffels, Franz-Joachim: Lokale Netze, Systeme für den Hochleistungs-Informationstransfer, 4. Auflage, Pulheim 1989

Keen, Peter G.W.: Shaping the future: business design through information technology, 1. Auflage, Boston 1991

Kern, Uwe/ Werning, Konrad: EDITEC, Die EDIFACT-Datenkommunikation in der Sanitärwirtschaft, in x-change, 1. Jg., 2/1994, S. 26-28

Kieser, Alfred/ Kubicek, Herbert: Organisation, 1. Auflage, Berlin 1976

Kilian, Wolfgang/ Picot, Arnold/ Neuburger, Rahild/ u.a.: Electronic Data Interchange (EDI), Aus ökonomischer und juristischer Sicht; Forschungsprojekt zu dem von der Volkswagen-Stiftung geförderten Projekt ELTRADO, Baden-Baden 1994

Killer, Bernd: Unternehmensübergreifende Geschäftsoptimierung, in : Thomas Jaspersen; Warsch Christian (Hrsg.): EDI in der Praxis, 1. Auflage, Bergheim 1994

Kirchner, Bernd: Elektronischer Datenaustausch in Deutschland, in x-change, 1. Jg., 4/1994, S. 16-18

Kubicek, Herbert: Der überbetriebliche Informationsverbund als Herausforderung an die Organisationsforschung und -praxis, in Information Management, 6. Jg., 2/1991, S. 6-15

Matz J.: Mailing Services als EDI Struktur, Vortrag auf dem Internationalen Congress für Bürokommunikation und Informationsmanagement in Mainz, 23.-24.9.1993, Kongressband S. F1.01-F1.16

Mertens, Peter: Die zwischenbetriebliche Kooperation und Integration der automatisierten Datenverarbeitung, 1. Auflage, Meisenheim am Glan 1966

Mertens, Peter: Virtuelle Unternehmen, in Wirtschaftsinformatik, 36. Jg., 2/1994, S. 169-172

Mintzberg, Henry: The structuring of Organizations, 1. Auflage, Englewood Cliffs 1979

Moritz Peter: Autobahn-Baustelle, Die Daten-Highways der Telekom, in c't-magazin für computertechnik, 11. Jg., 10/1994, S. 102-109

Naar, Mathias: Datex M, die deutsche Datenautobahn, in Funkschau, 68. Jg., 23/1994, S. 54-55

Neuenschwander, Peter: Die internationale Entwicklung bei der Behandlung von EDI-Rechtsfragen, in io Management Zeitschrift, 63. Jg., 6/1994, S. 81-82

Olbrich, Thomas J.: Das Modell der „Virtuellen Unternehmen" als unternehmensinterne Organisations- und unternehmensexterne Koopeartionsform, in Information Management, 6. Jg., 4/1994, S. 28-36

o.V. : Telebox 400-IPM, Produktbeschreibung für IPM und PC-Box-Software, Hrsg. Deutsche Bundespost Telekom, Darmstadt 1994

o.V.: Neue Features bei Telebox-400, in x'change, 1. Jg., 2/1994, S. 6

o.V.: Neu: Artikelstammdaten aller Industrieprodukte, in Neue Medien aktuell, 2. Jg., 1/1995, S. 1-2

Petri, Christian: Externe Integration der Datenverarbeitung, Unternehmensübergreifende Konzepte für Handelsunternehmen, 1. Auflage, Berlin 1990

Petrovic, Otto: Workgroup Computing-Computergestützte Teamarbeit, Informationstechnologische Unterstützung für teambasierte Organisationsformen, 1. Auflage, Heidelberg, (Beiträge zur Wirtschaftsinformatik; Band 8)

Picot, Arnold/ Neuburger, Rahild/ Niggl, Johann: Wirtschaftlichkeitsaspekte des Electronic Data Interchange (EDI), in Office Management, 42. Jg., 6/1992, S. 38-41

Picot, Arnold/ Neuburger, Rahild/ Niggl, Johann: Electronic Data Interchange und Lean Management, in Zeitschrift für Führung und Organisation, 62. Jg. 1/1993, S. 20-25

Picot, Arnold/ Neuburger, Rahild/ Niggl, Johann: Ökonomische Perspektiven eines „Electronic Data Interchange", in Information Management, 3. Jg., 2/1991, S. 22-29

Picot, Arnold/ Neuburger, Rahild/ Niggl, Johann: Tendenzen für Entwicklung und Auswirkungen von EDI, in Management & Computer, 1. Jg., 3/1993, S. 183-190

Picot, Arnold/ Neuburger, Rahild/ Niggl, Johann: Wirtschaftliche Potentiale von EDI, in x-change, 1. Jg., 2/1994, S. 32-35

Picot, Arnold/ Reichwald, Ralf: Auflösung der Unternehmung ? Vom Einfluß der IuK-Technik auf Organisationsstrukturen und Kooperationsformen, in Zeitschrift für Betriebswirtschaft, 64. Jg., 5/1994, S. 547-570

Plattner, Bernhard/ Lanz, C./ Lubich, H./ u.a.: Elektronische Post und Datenkommunikation: X.400: die Normen und ihre Anwendung, 1. Auflage, München 1989

Porter, Michael E./ Millar, Victor E.: Die Informationstechnik revolutioniert Branchen und Märkte, Wettbewerbsvorteile durch Information, in Harvard Manager, 8. Jg., 1/1986, S. 26-35

Raudszus, Frank: EDI-Endlose Diskussion statt Innovation, in Office Management, 42. Jg., 4/1994, S. 35-37

Reichwald Ralf: Kommunikation, in Bitz, M., Dellmann, K., Domsch M., Egner H., Hrsg.: Vahlens Kompendium der Betriebswirtschaftslehre Bd. 2, 2. Auflage, München 1990, S. 451ff

Savage Charles, M.: 5th Generation Management, 1. Auflage, Bedford 1990

Scheer, August Wilhelm: Architektur integrierter Informationssysteme: Grundlagen der Unternehmensmodellierung, 2. Auflage, Berlin 1992

Schmoll, Thomas: Handelsverkehr, elektronisch, weltweit : Nachrichtenaustausch mit EDI/EDIFACT, 1. Auflage, Haar 1994

Schulte-Zurhausen, Manfred: Integration und unternehmensinterne Verteilung von EDI-Daten, in Wirtschaftsinformatik, 36. Jg., 1/1994, S. 57-65

Schumann, Matthias: Abschätzung von Nutzeffekten zwischenbetrieblicher Informationsverarbeitung, in Wirtschaftsinformatik, 32. Jg., 4/1990, S. 307-319

Schumann, Matthias: Betriebliche Nutzeffekte und Strategiebeiträge der großintegrierten Informationsverarbeitung, 1. Auflage, Berlin 1992

Schwarzer, Bettina/ Krcmar, Helmut: Neue Organisationsformen, Ein Führer durch das Begriffspotpourri, in Information Management, 6. Jg., 4/1994, S. 20-27

Sedran Thomas: Wettbewerbsvorteile durch EDI ?, in Information Management, 6. Jg., 4/1994, S. 16-21

Siewert Manfred: EDI und Telekommunikation, in Informationsbroschüre der DEDIG e.V., EDI und EDIFACT für Einsteiger, 1994, S. 29-32

Staehle, Wolfgang H.: Management, Eine verhaltenswissenschaftliche Perspektive, 5. Auflage, Berlin 1990

Strohmeyer Rolf: Die strategische Bedeutung des elektronischen Datenaustausches, dargestellt am Beispiel von VEBA Wohnen, in Zeitschrift für betriebswirtschaftliche Forschung, 44. Jg., 5/1992, S. 462-475

Taylor, Frederick, W.: The principles of scientific management, 1. Auflage, New York 1911

Weber, Gero F./ Walsh, Ian: Komplexe Organisationen, ein Modell für die Zukunft: Die virtuelle Organisation, in Gablers Magazin, 7. Jg., 6-7/1994, S. 24-27

Weichselgartner Erich: Im Rausch. Vom Wissenschaftsnetz zum elektronischen Einkaufszentrum, in iX, 5.Jg., 9/1994, S. 36-44

Werning Konrad: Elektronischer Stammdatenaustausch fördert den Weg zum integrierten EDI, Vortrag auf dem online'95 Kongress in Hamburg, am 6.02.1995, Kongressband IV, S. C412.01-C412.09

Wilmes, Jörg: Integrierte Geschäftsprozeßorganisation mit Electronic Data Integration (EDInt), in Zeitschrift für Führung und Organisation, 62. Jg., 2/1993, S. 112-116

Zachman, John A.: A framework for information systems architecture, in IBM Systems Journal, 25. Jg., 3/1987, S. 276-292

Universität - Gesamthochschule - Paderborn

Fachbereich Wirtschaftswissenschaften

Schwerpunkt Wirtschaftsinformatik & OR

DIPLOM - ARBEIT

Endnutzerorientiertes EDI zwischen Teams

Band II

vorgelegt bei

Prof. Dr. Joachim Fischer

von

Guido Hammer

Lülingsberg 4

33100 Paderborn

Matr.-Nr. 3751407

Juni 1995

2

Inhaltsverzeichnis

Abbildungsverzeichnis:

Tabellenverzeichnis

1.0 Die Dokumentation des Prototyps

Die Dokumentation des Prototyp gliedert sich in drei Stufen.

In der ersten Stufe wird die Funktionalität des Prototyps anhand der HIPO-Methode dokumentiert.

In der zweiten Stufe wird die Bedienung des Prototyps mit Hilfe der entsprechenden „Screen-Shots" erklärt.

Die letzte und gleichzeitig ausführlichste Stufe der Dokumentation ist der eigentliche Programmtext des Prototyps.

1.1 Dokumentation mit Hilfe der HIPO-Methode

Die HIPO-Methode umfaßt folgende Arten von Diagrammen:

- Hierarchiediagramme (funktionelle Gesamtübersicht)
- Übersichtsdiagramme
- Detaildiagramme mit zusätzlichen Beschreibungen

Auf die Darstellung der Detaildiagramme wurde aufgrund der Komplexität des Systems in dieser Arbeit verzichtet. Für detaillierte Systembeschreibungen sei auf die Beschreibung der Bedienung des Prototyps und den Programmtext in den folgenden Abschnitten hingewiesen.

1.1.1 Hierarchiediagramme

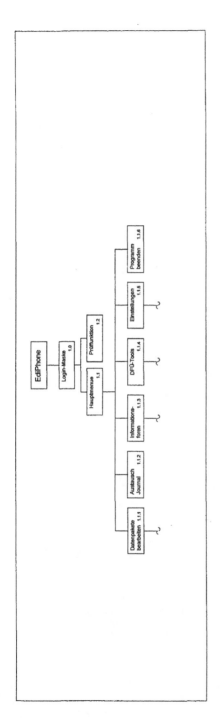

Abbildung 1: Hierarchiediagramm 1

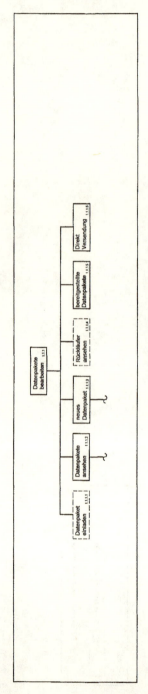

Abbildung 2: Hierarchiediagramm 2

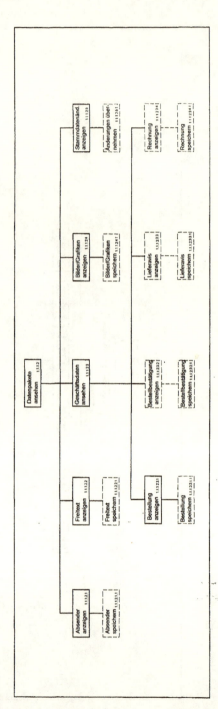

Abbildung 3: Hierarchiediagramm 3

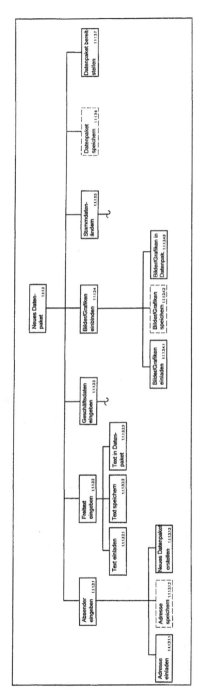

Abbildung 4: Hierarchiediagramm 4

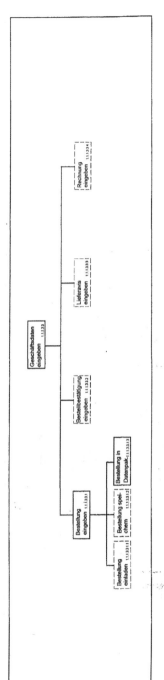

Abbildung 5: Hierarchiediagramm 5

9

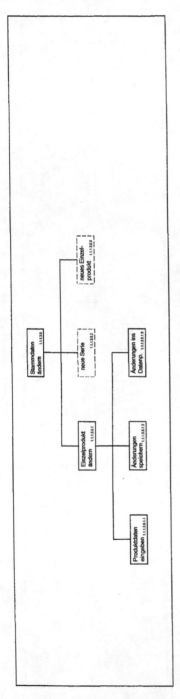

Abbildung 6: Hierarchiediagramm 6

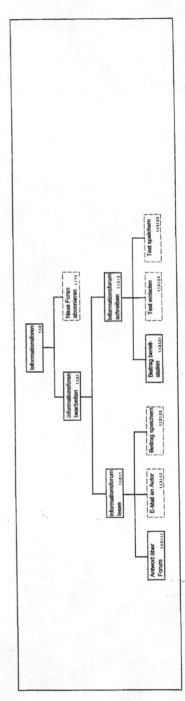

Abbildung 7: Hierarchiediagramm 7

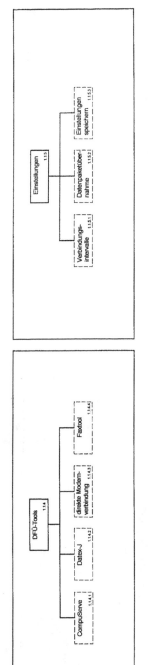

Abbildung 9: Hierarchiediagramm 9

Abbildung 8: Hierarchiediagramm 8

1.1.2 Übersichtsdiagramme (in tabellarischer Form)

1.0 Login-Maske

Input	Process	Output
1. Benutzername / Kennwort	1. Prüfen, ob Eingaben korrekt sind	1. Ausgabe des Hauptmenüs
		1.2. Ausgabe einer Fehlermeldung
	→ zurück	

Tabelle 1: Login-Maske

1.1.1.2 Datenpakete ansehen

von 1.1.1 →

Input	Process	Output
1. Absenderdaten des ausgewählten Datenpakets	1.1 Absenderdaten einladen und anzeigen 1.1.1.2.1	1.1 Ausgabe der Absender Informationen auf dem Monitor
1.2 Freitext des ausgewählten Datenpakets	1.2 Freitext einladen und anzeigen 1.1.1.2.2	1.2 Ausgabe des Freitextes auf dem Monitor
1.3 Mausklick auf Button	1.3 Aufruf des Auswahlmenüs für Geschäftsdaten 1.1.1.2.3	1.3 Ausgabe eines Auswahlmenüs auf dem Monitor
1.4 Bilder/Grafiken des ausgewählten Datenpakets	1.4 Bilder/Grafiken einladen und anzeigen 1.1.1.2.4	1.4 Ausgabe der Bilder/Grafiken auf dem Monitor
1.5 Stammdatenänderungen des ausgewählten Datenpakets	1.5 Stammdatenänderung einladen und anzeigen 1.1.1.2.5	1.5 Ausgabe eines Stammdatenänderung auf dem Monitor
	→ zurück	

Tabelle 2: Datenpakete ansehen

1.1.1.2.3 Geschäftsdaten ansehen

Input	von 1.1.1.2 Process	Output
Daten der Bestellung, die im ausgewählten Datenpaket enthalten sind	1. einladen und anzeigen der Daten der Bestellung 1.1.1.2.3.1	1. Ausgabe der Daten der Bestellung auf dem Monitor
	→ zurück	

Tabelle 3: Geschäftsdaten ansehen

1.1.1.3 neues Datenpaket

Input	von 1.1.1 Process	Output
1.1 Absender Daten von Disk oder manuell eingegeben	1.1 Absender erfassen und Erstellen eines neuen Datenpakets 1.1.1.3.1	1.1 Ausgabe der Absender Informationen auf dem Monitor, neues Datenpaket
1.2 Text von Disk oder manuell eingegeben	1.2 Freitext erfassen und dem Datenpaket zuweisen 1.1.1.3.2	1.2 Ausgabe des Freitextes auf dem Monitor, Datenpaket mit Freitext
1.3 Mausklick auf Button	1.3 Aufruf des Auswahlmenüs für die Geschäftsdateneingabe 1.1.1.3.3	1.3 Ausgabe eines Auswahlmenüs auf dem Monitor
1.4 Bild/Grafik von Disk	1.4 Bild/Grafikq einladen und dem Datenpaket zuweisen 1.1.1.3.4	1.4 Ausgabe des Bildes, der Grafik auf dem Monitor, Datenpaket mit Bild/Grafik
1.5 Mausklick auf Button	1.5 Aufruf des Auswahlmenüs für die Stammdatenänderung 1.1.1.3.5	1.5 Ausgabe eines Auswahlmenüs auf dem Monitor

Tabelle 4: neues Datenpaket

2.	Inhalte der erstellten Teilpakete	2.1	Zusammenfügen der Teilpakete zu einem Datenpaket	2.1	gesamtes Datenpaket
		2.2	Bereitstellung des Datenpakets in die Warteschlange für die Versendung an das BSC 1.1.1.3.7	2.2	Warteschlange mit neuem Datenpaket
	→ zurück				

Fortsetzung Tabelle 4: neues Datenpaket

1.1.1.3.3. Geschäftsdaten eingeben		von 1.1.1.3.3 →			
Input		**Process**		**Output**	
1.	Mausklick auf Bestellung	1.	Aufruf des Bestellformulars für die Eingabe der Bestellung → 1.1.1.3.3.1	1.	Ausgabe des Bestellformulars auf dem Monitor

Tabelle 5: Geschäftsdaten eingeben

1.1.1.3.3.1 Bestellung eingeben		von 1.1.1.3.5 →			
Input		**Process**		**Output**	
1.	Manuelle Eingabe der Bestellung	1.	Bestellung erfassen und dem Datenpaket zuweisen 1.1.1.3.3.1.1	1.	Ausgabe der Bestellung auf dem Monitor, Datenpaket mit Bestelldaten
		→ zurück			

Tabelle 6: Bestellung eingeben

1.1.1.3.5 Stammdaten ändern

von 1.1.1.3 ↴

	Input		Process		Output
1.	Mausklick auf ein Einzelprodukt	1.	Aufruf der Eingabemaske für die Eingabe der neuen Werte für das ausgewählte Einzelprodukt	1.	Ausgabe der Maske für die Dateneingabe auf dem Monitor
1.1	gespeicherte Einzelproduktdaten	1.1	Einladen der gespeicherten Einzelproduktdaten und anzeigen der Daten → 1.1.1.3.5.1	1.1	Ausgabe der gespeicherten Daten in die betreffenden Felder auf dem Monitor

Tabelle 7: Stammdaten ändern

1.1.1.3.5.1 Einzelprodukt ändern

von 1.1.1.3.5 ↴

	Input		Process		Output
1.	Manuelle Eingabe der Produktdatenänderungen	1.	Produktdatenänderungen erfassen 1.1.1.3.5.1.1	1.	Ausgabe der Produktdatenänderungen auf dem Monitor
2.	Daten aus den Eingabefeldern	2.	Änderungen speichern 1.1.1.3.5.1.2	2.	Aktuelles Produktstammdatenfile
3.	Daten aus den Eingabefeldern	3.	Neues Datenpaket erstellen und Änderungen dem Datenpaket zuweisen 1.1.1.3.5.1.3	3.	Neues Datenpaket, mit Produktstammdatenänderungen
			→ zurück		

Tabelle 8: Einzelprodukte ändern

14

1.1.1.5 bereitgestellte Datenpakete

Input	Process von 1.1.1	Output
1. Einträge aus der Warteschlange	1. Auslesen der Warteschlange und Anzeigen der Einträge	1. Ausgabe einer Liste der bereitgestellten Datenpakete auf dem Monitor
	→ zurück	

Tabelle 9: bereitgestellte Datenpakete

1.1.1.6 Direkt-Versendung

Input	Process von 1.1.1	Output
1. Datenpakete aus der Warteschlange	1. Aufbau der Verbindung zum BSC und übermitteln der Datenpakete	1. Datenpakete an das BSC übertragen, leere Warteschlange
	→ zurück	

Tabelle 10: Direkt-Versendung

1.1.2 Austausch Journal

Input	Process von 1.1	Output
1. Liste der abgesendeten, empfangenen und unzustellbaren Datenpakete	1. Einladen und anzeigen der abgesendeten, empfangenen und unzustellbaren Datenpakete	1. Ausgabe der Liste von abgesendeten, empfangenen und unzustellbaren Datenpaketen auf dem Monitor
	→ zurück	

Tabelle 11: Austausch Journal

1.1.3.1 Informationsforen bearbeiten

von 1.1.3

	Input		Process		Output
1.	Liste der abonnierten Informationsforen	1.	Anzeigen der abonnierten Informationsforen	1.	Ausgabe der Liste, der abonnierten Informationsforen
2.	Inhaltsliste des ausgewählten Informationsforums	2.	Anzeigen der Inhaltsliste des ausgewählten Informationsforums	2.	Ausgabe der Inhaltsliste des ausgewählten Informationsforums auf dem Monitor
2.1	Mausklick auf „Nachricht lesen"-Button	2.1	Anzeigen einer Maske für die Textausgabe des ausgewählten Beitrages 1.1.3.1.1	2.1	Ausgabe der Maske für die Anzeige des ausgewählten Beitrages auf dem Monitor
2.2	Mausklick auf „Nachricht schreiben"-Button	2.2	Anzeigen einer Maske für die Texteingabe 1.1.3.1.2	2.2	Ausgabe einer Maske für die Texteingabe auf dem Monitor
			→ zurück		

Tabelle 12: Informationsforen bearbeiten

1.1.3.1.1 Informationsforum lesen

von 1.1.3.1

	Input		Process		Output
1.	Inhalt des ausgewählten Informationsforumbeitrags	1.	Anzeigen des Inhaltes des Informationsforumbeitrags	1.	Ausgabe des Inhaltes des Informationsforumbeitrags auf dem Monitor
2.	Eingabe des Textes	2.	Bereitstellung des Textes in die Warteschlange für die Versendung an das BSC. 1.1.3.1.1.1	2.	Neuer Beitrag für das Informationsforum, Warteschlange mit neuem Eintrag
			→ zurück		

Tabelle 13: Informationsforen lesen

1.1.3.1.2 Informationsforum schreiben		
	von 1.1.3.1 ↳	
Input	**Process**	**Output**
1. Eingabe des Textes	1. Bereitstellung des Textes in die Warteschlange für die Versendung an das BSC. 1.1.3.1.2.1	1. Neuer Beitrag für das Informationsforum, Warteschlange mit neuem Eintrag
	→ zurück	

Tabelle 14: Informationsforen schreiben

1.2 Die Bedienung des Prototyps „EdiPhone"

In diesem Abschnitt werden die wichtigsten Funktionen des Prototyps chronologisch mit Hilfe der entsprechenden „Screen-Shots" erläutert.

Der Ablauf gestaltet sich so, daß zuerst der „Screen-Shot" abgebildet wird und die Erklärungen dazu sich daran anschließen.

1.2.1 Login-Maske

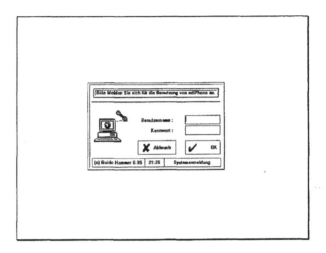

Abbildung 10: Login-Maske

Nach dem Aufruf der Software erscheint die abgebildete Login-Maske, die nach erfolgreicher Anmeldung die Benutzung des Programms freigibt. Jeder Benutzer von „EdiPhone" muß sich anmelden. Der Anmeldevorgang ist auch dann erforderlich, wenn die Software von mehreren Personen in einem Unternehmen genutzt wird, weil die Anmeldung ebenfalls die Zugangsberechtigung zu dem persönlichen Postfach im BSC darstellt.

Nach drei Fehlversuchen wird der Anmeldevorgang abgebrochen.

1.2.2 Hauptmenü

Nach der erfolgreichen Anmeldung wird das Hauptmenü aufgerufen.

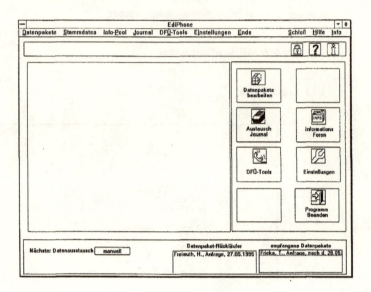

Abbildung 11: Hauptmenü

Zuerst folgen einige, im gesamten Programm gültige Erläuterungen zum Bildschirmaufbau.

Grundsätzlich befinden sich am rechten Bildschirmrand die sogenannten Aktions-Buttons, mit denen das Programm gesteuert wird. Der Button unten rechts in der Auflistung führt in allen Programmteilen zurück zum vorhergehenden Menü.

Auf der linken Seite bzw. in der Mitte des Bildschirms befindet sich das Aktions-Fenster. In diesem Fenster erfolgen je nach Programmabschnitt Ein- und Ausgaben oder es kann durch weitere Auswahl-Buttons in andere Programmebenen verzweigt werden.

Die am oberen rechten Bildschirmrand plazierten Buttons ermöglichen das Sperren des Bildschirms und die Anzeige eines kontextabhängigen Informationstextes am unteren Bildschirmrand. Eine explizite Hilfefunktion ist im Prototyp nicht implementiert.

Am unteren Rand des Hauptmenüs werden Listen mit den nicht zustellbaren Datenpaketen und den empfangenen Datenpaketen angezeigt. Mit einem Doppel-Mausklick auf diese Listen können die Einträge angesehen werden. Ausgehend von diesem Hauptmenü wird im weiteren Verlauf die Bedienung des Prototyps beschrieben.

1.2.2.1 Einstellungen

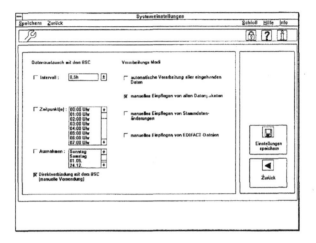

Abbildung 12: Bildschirmmaske: Systemeinstellungen

Die Auswahlmenüs der Einstellungen sollen zeigen, welche Arten des Datenaustausches mit dem BSC möglich sind.

Der Prototyp unterstützt nur die direkte Verbindung mit dem BSC und die manuelle Bearbeitung von allen Datenpaketen. Darüber hinaus wird die Software als eine Standalone-Anwendung betrieben.[1]

---

[1] Diese Kopplung an das BSC entspricht der des Unternehmens C in der Abbildung 2 in Band I

1.2.2.2 DFÜ-Tools

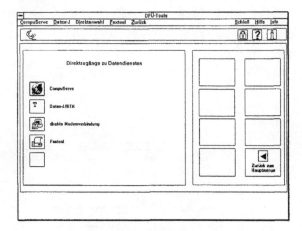

Abbildung 13: Bildschirmmaske: DFÜ-Tools

Das Auswahlmenü der DFÜ-Tools zeigt die Funktionen auf, über die eine Software dieser Art verfügen sollte, um den elektronischen Datenaustausch zu erleichtern.

1.2.2.3 Austausch-Journal

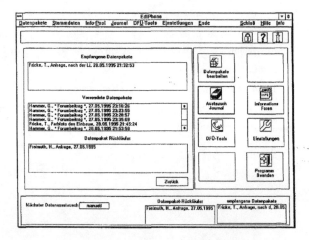

Abbildung 14: Bildschirmmaske: Austausch-Journal

Die Funktion des Austausch-Journals ist als eine Art Logbuch zu verstehen, in dem alle empfangenen, abgeschickten und nicht zustellbaren Datenpakete aufgelistet werden.

1.2.3 Informationsforen

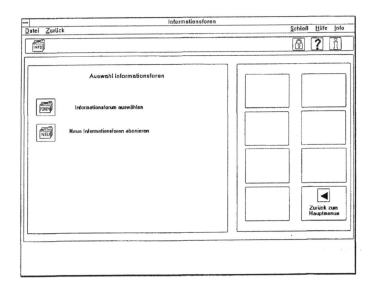

Abbildung 15: Bildschirmmaske: Informationsforen

In dieser Bildschirmmaske ist nur die Funktion der Informationsforenauswahl implementiert.

Nach betätigen des Buttons erscheint folgende Bildschirmmaske:

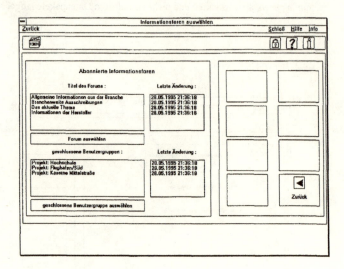

Abbildung 16: Bildschirmmaske: Informationsforen auswählen

Nachdem ein Informationsforum aus der Liste der abonnierten Informationsforen ausgewählt wurde, besteht nun die Möglichkeit, die vorhandenen Beiträge zu lesen oder eine
neue Nachricht in das Forum zu schreiben.

1.2.3.1 Nachrichten lesen

Nach der Auswahl eines Beitrages wird dieser auf dem Bildschirm angezeigt.

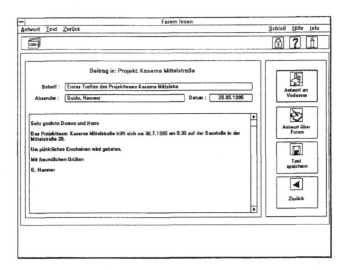

Abbildung 17: Bildschirmmaske: Forum lesen

Es besteht nun die Möglichkeit, direkt auf diesen Beitrag über das Forum zu antworten. Nach Betätigen des „Antwort über Forum"-Buttons wird die Maske für das Schreiben einer Nachricht aufgerufen.[1]

Die Möglichkeit, eine E-Mail direkt an den Verfasser des Forumbeitrages zu senden, ist nicht implementiert.

---

[1] siehe nächsten Abschnitt

1.2.3.2 Nachricht schreiben

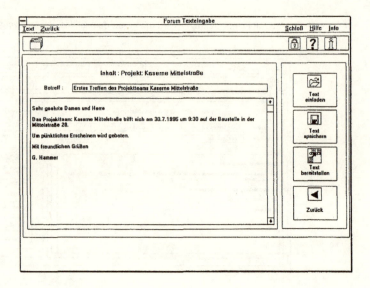

Abbildung 18: Bildschirmmaske: Forum Texteingabe

Die Eingabe beginnt mit dem Ausfüllen der Betreff-Zeile. Nachdem im Textfeld Eingaben gemacht wurden, kann der Beitrag zur Versendung an das BSC bereitgestellt werden. Damit der Text auch im Forum für alle lesbar wird muß, der bereitgestellte Beitrag noch an das BSC abgesendet werden.[1]

Die Funktionen „Text einladen" und „Text speichern" sind im Prototyp nicht implementiert.

---

[1] siehe Abschnitt 1.2.4.3

1.2.4 Datenpakete bearbeiten

Neben dem Hauptmenü ist dieses Auswahlmenü ein weiterer zentraler Punkt in der Software.

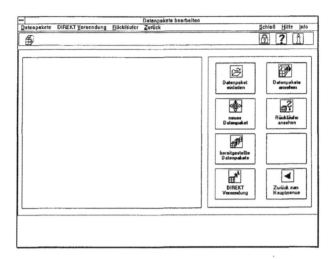

Abbildung 19: Bildschirmmaske: Datenpakete bearbeiten

Die Funktionen „Rückläufer ansehen" und „Datenpaket einladen" sind nicht implementiert.

1.2.4.1 Neues Datenpaket erstellen

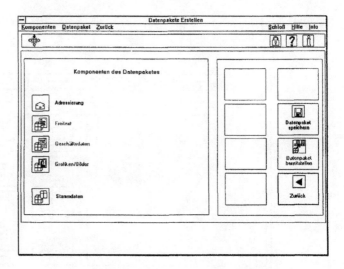

Abbildung 20: Bildschirmmaske: Datenpakete erstellen

Anhand der im Aktions-Fenster aufgelisteten Buttons ist bereits der mögliche Aufbau eines Datenpakets zu erkennen; bis auf das „Adressierungs"-Button sind alle weiteren Buttons noch gesperrt.

Wenn der Benutzer die Priorität besitzt, Stammdaten zu ändern, ist noch ein zusätzlicher Button für die Stammdatenänderung aktiv.

Die weiteren Erläuterungen werden an dem beispielhaften Erstellen eines Datenpaketes vorgenommen.

1.2.4.1.1 Adressierung

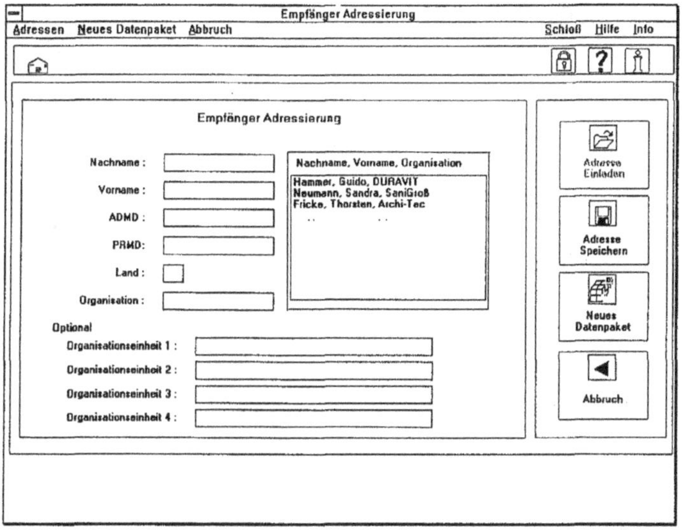

Abbildung 21: Bildschirmmaske: Empfänger Adressierung

Die Erstellung eines Datenpakets beginnt mit der Adressierung des Empfängers.

Bis auf die optionalen Felder in der unteren Hälfte des Aktions-Fensters, müssen alle Felder ausgefüllt werden.

Über den „Adressen Einladen"-Button können bereits gespeicherte Adressen eingeladen werden. Sind alle Pflichtfelder ausgefüllt, kann ein neues Datenpaket erstellt werden.

Nach der Erstellung eines neuen Datenpakets wird das vorherige Auswahlmenü mit den möglichen Inhalten eines Datenpakets wieder angezeigt.[1]

Das erstellte Datenpaket besteht zu diesem Zeitpunkt nur aus der Empfängerangabe.

---

[1] siehe Abbildung 20

1.2.4.1.2 Freitext

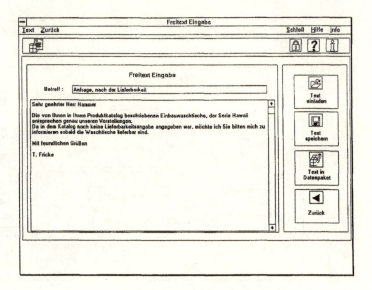

Abbildung 22: Bildschirmmaske: Freitexteingabe

Die Texteingabe wird mit dem Ausfüllen der Betreff-Zeile begonnen, die dann für das gesamte Datenpaket gilt.

Nun kann der eigentliche Text von Hand eingegeben oder der mit einem Textverarbeitungssystem vorbereitete Text eingeladen werden.

Nachdem der Text in das Datenpaket eingestellt wurde, wird wieder das Auswahlmenü mit den möglichen Inhalten des Datenpakets angezeigt.

Nach der Eingabe des Freitextes besteht das Datenpaket aus der Adressierung und dem eingestellten Freitext. Dieses Datenpaket könnte nun bereits zur Übertragung bereitgestellt werden und entspräche in dieser Form einer einfachen E-Mail.

1.2.4.1.3 Geschäftsdaten

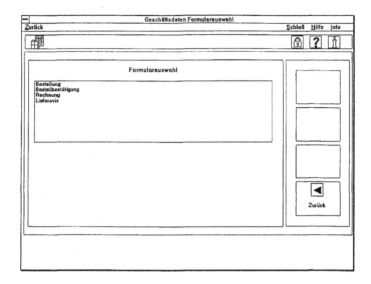

Abbildung 23: Bildschirmmaske: Formularauswahl

In diesem Prototyp ist nur das Formular der Bestellung implementiert. Es ist aber vorstellbar, daß die benötigten Formulare je nach Bedarf modulartig nachgerüstet werden können.

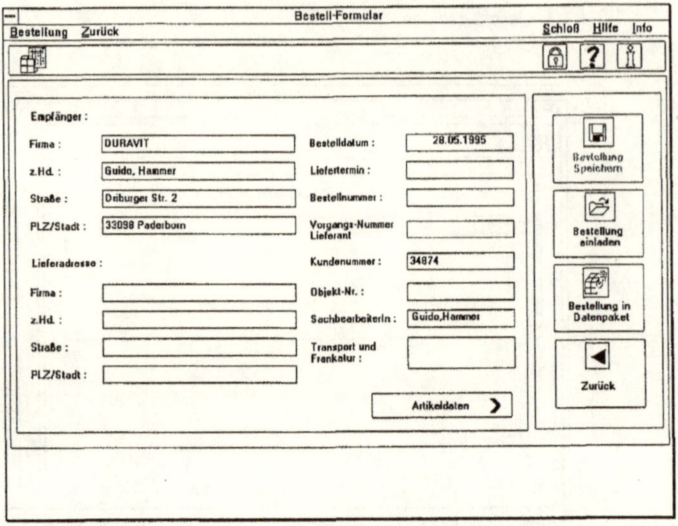

Abbildung 24: Bildschirmmaske: Bestellkopfeingabe

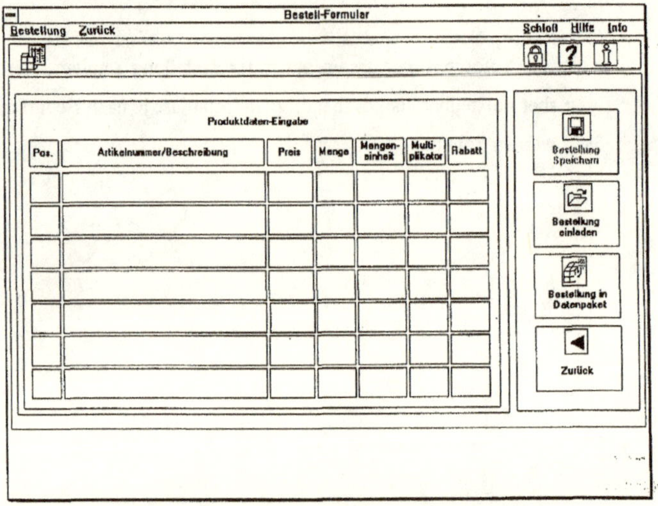

Abbildung 25: Bildschirmmaske: Bestelldateneingabe

Diese Bildschirmmasken zeigen eine Art Bestellformular, welches vom Anwender mit
den entsprechenden Daten der Bestellung auszufüllen ist. Diese Daten können von Hand
oder bei entsprechender Unterstützung aus Warenwirtschaftssystemen eingepflegt werden.

Nach dem Einstellen der Bestellung in das Datenpaket wird das Auswahlmenü mit den
möglichen Datenpaketinhalten angezeigt.

1.2.4.1.4 Grafiken/Bilder

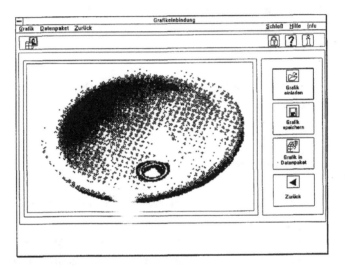

Abbildung 26: Bildschirmmaske: Einbinden von Grafiken bzw. Bildern

In diesem Teil des Programms können Grafiken und Bilder in das Datenpaket eingebun-
den werden.

Die Grafiken können mit einem beliebigen Grafikprogramm erstellt worden sein. Der
Prototyp verarbeitet Grafiken im Windows-Bitmap Format. Nach der Einstellung der
Grafik in das Datenpaket wird das Auswahlmenü mit den möglichen Datenpaketinhalten
angezeigt.

1.2.4.1.5 Datenpaket bereitstellen

Nachdem die einzelnen Teile in ein Datenpaket eingestellt wurden, muß das Datenpaket nun noch zur Versendung an das BSC bereitgestellt werden. Dies ist mit dem Gang zu einem Postamt vergleichbar, bei dem das Paket aufgegeben wird, nachdem es verschnürt und mit den Empfängerangaben versehen worden ist.

Nach Betätigen des „Datenpaket Bereitstellen"-Buttons wird das Paket zur Versendung in eine Warteschlange bereitgestellt. Diese Warteschlange wird dann je nach Einstellung des Programms in vorgegebenen Intervallen abgearbeitet.

Bei diesem Prototypen wird die Warteschlange nur nach manuellem Aufruf der Versendefunktion abgearbeitet.[1]

Nach der Bereitstellung des Datenpakets kann die Datenpaketerstellung beliebig oft wiederholt werden.

1.2.4.1.6 Stammdatenänderung

Die Möglichkeit, Stammdaten zu ändern, haben nur Benutzer, die dazu berechtigt sind. Solche Benutzer sind bspw. Hersteller von Produkten.

In diesem Prototyp verbirgt sich hinter dem Benutzer „HAMMER" der Sanitär-Hersteller Duravit. Dieser Benutzer ist als einziger berechtigt, Stammdaten zu verändern. Die Stammdatenänderungen werden als eigenständiges Datenpaket behandelt. Auch dieses Datenpaket muß für die Versendung an das BSC bereitgestellt werden, allerdings entfällt eine Empfängeradressierung, da das BSC die Verteilung der Stammdatenänderung an die BSC-Mitglieder übernimmt.

In diesem Prototyp sind die Stammdaten von Einbauwaschtischen der Firma Duravit verfügbar.

---

[1] siehe Abschnitt 1.2.4.3

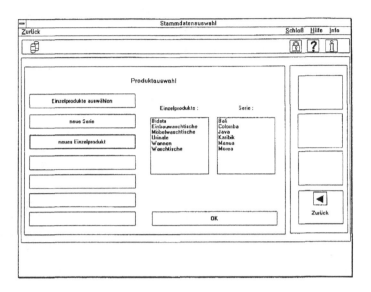

Abbildung 27: Bildschirmmaske: Auswahl eines Einzelproduktes

Nach der Auswahl einer Serie eines Einzelproduktes erscheint die Bildschirmmaske, in der die einzelnen Produktstammdaten verändert werden können.

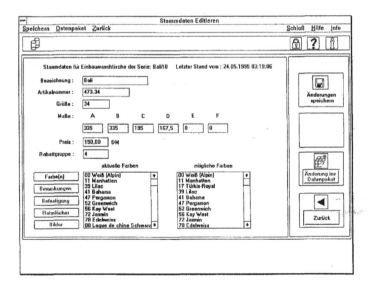

Abbildung 28: Bildschirmmaske: Produktstammdatenänderung

Nach der Eingabe der Änderungen müssen diese lokal gespeichert werden, um sie danach in ein neues Datenpaket einstellen zu können.

Nach dem Einstellen erscheint wieder das Auswahlmenü mit den möglichen Daten-paketinhalten.

1.2.4.2 Bereitgestellte Datenpakete

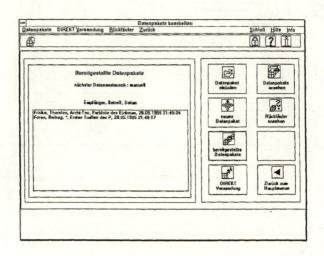

Abbildung 29: Bildschirmmaske: Liste der bereitgestellten Datenpakete

In diesem Programmteil wird im Aktions-Fenster eine Liste von den Datenpaketen ange-zeigt, die für die Versendung zum BSC bereitgestellt wurden.

1.2.4.3 Direkt-Versendung

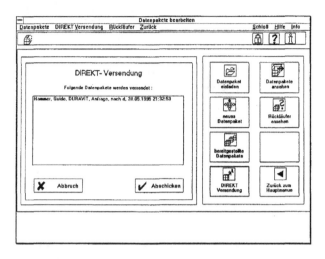

Abbildung 30: Bildschirmmaske: Direkt-Versendung der Datenpakete

Mit der Funktion der Direkt-Versendung werden Datenpakete direkt an das BSC gesendet. Diese Funktion umgeht die im Menü der Systemeinstellungen[1] eingestellten Werte, für die Verbindungsart mit dem BSC.

Da in diesem Prototyp nur die direkte Verbindung mit dem BSC unterstützt wird, ist dies die einzige Möglichkeit, Datenpakete zu versenden.

---

[1] siehe Abschnitt 1.2.2.1

1.2.4.4 Datenpakete ansehen

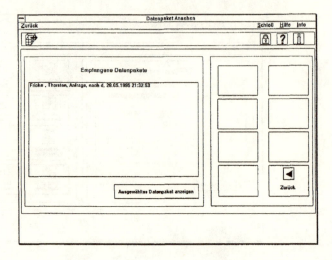

Abbildung 31: Bildschirmmaske: Datenpakete ansehen

Nach der Auswahl eines Datenpakets aus der Liste der empfangenen Datenpakete wird folgende Bildschirmmaske angezeigt:

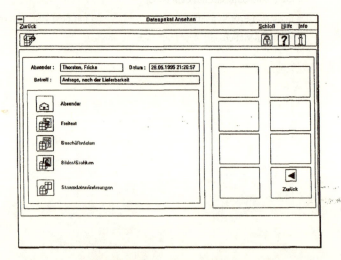

Abbildung 32: Bildschirmmaske: Inhalt des Datenpakets ansehen

Durch Betätigen der einzelnen Buttons im Aktions-Fenster werden die entsprechenden Inhalte des Datenpakets angezeigt.

Durch lokales Speichern der Inhalte werden die empfangenen Daten den Inhouse-Systemen zur Weiterverarbeitung zur Verfügung gestellt.
Die Konvertierung der Daten in das entsprechende Inhouse-Format durch das BSC macht diese direkte Weiterverarbeitung möglich.

1.2.3 Programmtext

Aus Kostengründen ist der Programmtext hier nicht abgedruckt.
Der Programmtext als auch die CD-ROM mit dem installationsfähigen Prototypen kann bei dem Autor (Adresse siehe Deckblatt) bezogen werden.